CARTAS A MATÍAS

© Ricardo Adrianza González, 2019

Correo electrónico: AdrianzaRicardo63@gmail.com

Reservados todos los derechos. Queda rigurosamente prohibida, sin autorización escrita de los titulares del Copyright, bajo las sanciones establecidas en las leyes, la reproducción parcial o total de esta obra por cualquier medio o procedimiento, incluidos la reprografía y el tratamiento informático.

ISBN: 978-84-120773-1-5

Producción editorial
Alfa Digital
www.alfadigital.es
Corrección de estilo
Magaly Pérez Campos
Maquetación
Alfa Digital
Diseño de cubierta
La Oveja Negra Comunicaciones - Venezuela
Impresión y encuadernación
Rotospeed C. A.

Impreso en Venezuela
Printed in Venezuela

Ricardo Adrianza González

CARTAS A MATÍAS
LECCIONES DE VIDA PARA MI NIETO

ÍNDICE

Dedicatoria 7
Agradecimientos 9
El inicio 11
Prólogo 13
La fuerza más poderosa 17
Un regalo silencioso 21
Entrena tu mente 25
Riega tu esencia 29
No temas ser diferente 33
Cuarenta y dos kilómetros, una promesa 37
Deja tu sello 41
Los verdaderos culpables 45
Un pacto honrado con la soledad 49
Te extraño 55
¿Quién empaca tu paracaídas? 59
Mi primera decepción 63
Sumando años a mi vida 67

Terrorismo sin bombas..71
Haz el bien y piensa bien 75
El tiempo es hoy.. 79
No todos los días son iguales.....................................83
Bendita Navidad... 87
Vuela alto 93
Háblame en silencio.. 99
Sé un hombre honorable...103
Filosofía de la felicidad..107
La vida es un arcoíris.. 115
Sin expectativas... 119
¡Qué desastre! 123
Guarda un pedazo de mi madre en tu esencia..............127
Cuatro nacimientos, cuatro sensaciones..................... 135
La historia de un ciego...139
Integridad... 141
Oscuridad...145
Una semana inolvidable 151
Quema tus naves 155
Hijo, gánese la voluntad...161
Atrévete 165
Tu mejor gol...169
¡Hoy soy muy feliz! 173

*Con todo mi amor a mi nieto, Matías Eduardo,
a mis nietos por venir y a todos los nietos del mundo.*

AGRADECIMIENTOS

En la vida nos tropezamos con seres maravillosos que nos regalan alegrías y hacen de nuestro viaje un oasis de experiencias diversas que aportan a nuestro crecimiento como personas, profesionales, padres y esposos.

En mi apuesta por publicar este libro, he tenido el privilegio de cruzarme con muchas de ellas, a las que quiero agradecerles profundamente y dedicarles algunas líneas.

En primer lugar, quisiera destacar el acompañamiento desinteresado de mi prima Magaly Pedrique, quien —con su lectura emotiva y alentadoras palabras— ha impregnado este libro de amor.

También deseo agradecer a mi productora editorial, Magaly Pérez Campos, por su dedicación y su mirada acuciosa para profesionalizar esta apuesta de vida que pretendo dejar como legado a mis nietos y su futura descendencia.

A la editorial Alfa Digital, de la mano de su director, Ulises Milla, por sus consejos y por darle forma de libro a este compendio de treinta y seis cartas.

A la agencia de publicidad Oveja Negra —en especial a mi hermano Rubén y a sus socios Rodrigo y Alfredo, por sus aportes creativos y por transmitir en la portada de esta obra lo que encierra su esencia.

A mis hijas y familia, quienes han contribuido a moldear mis defectos y a convertirme en mi mejor versión.

A todos aquellos héroes anónimos que, sin saberlo, han aportado ideas y me han transmitido, con emoción, el amor que se desprende de cada línea escrita.

Finalmente, quiero agradecer a mi compañera de vida, mi fuente de inspiración eterna, mi cable a tierra: mi esposa, Luisa Elena. Nos prometimos caminar juntos y celebrar cada logro. Con este libro brindamos por uno más y nos afianzamos para seguir el viaje de la existencia que nos conduzca hacia la eternidad.

EL INICIO

Todo comenzó con tu llegada y la comunión con mi soledad. Es un homenaje a los años que me has regalado. Constituye un escape a este sentimiento sublime que ilumina mis días.

Necesitaba drenar la buena noticia de tu nacimiento. Hoy se presenta en forma de libro. No podía esperar más. La vida es un sube y baja y desconocemos todos sus caprichos.

Un torrente de emociones y muchas semanas para aterrizar mis pensamientos me permitieron tomar la decisión y concluir que mi mejor regalo para ti y para mis nietos por venir era dejar plasmado en un texto escrito mis experiencias, mis deseos, mis sentimientos, mis errores; en definitiva, la forma como miro la existencia.

Esto me permite estar más cerca, aunque hoy por circunstancias del destino no estemos juntos en un mismo lugar, e influir profundamente en ti con el único propósito de facilitarte el tránsito por este mundo para que crezcas como un hombre de bien.

Mi prima Magaly Pedrique ha sido mi cómplice en esto. Su visión de la vida y sus palabras de aliento y dirección han sido una fórmula infalible para este homenaje y resumen de mi sentir.

Habiendo sido ella mi acompañante ideal y quien captó la esencia de mis reflexiones, este libro no podía tener mejor prólogo que uno escrito por su pluma.

PRÓLOGO

Lo primero que quiero en esta introducción es manifestar la gratitud tan inmensa que siento por haber sido elegida por Ricardo como su compañera en este proyecto. No tengo palabras para describir lo linda y enriquecedora que ha sido esta experiencia.

Todo comenzó el mediodía de un domingo en el que su hermano José Luis me invitó a almorzar junto con Ricardo. Fue un lindo reencuentro con esos primos con los que poco me había visto en los últimos tiempos y por lo general en momentos duros, en clínicas o cementerios. Así que ese opíparo almuerzo fue una oportunidad para conversar rico e intercambiar recuerdos. En lo mucho que hablamos, Ricardo me confió su plan de escribir un libro de historias de su vida en el cual pretendía resaltar valores. Yo lo alenté a hacerlo y le ofrecí mi experiencia en la revisión de textos. El nacimiento de Matías, su primer nieto, le dio el impulso a su proyecto y comenzó a escribir estas *Cartas a Matías* que hoy tengo el gusto de presentarte.

El 16 de diciembre de 2018 recibí la primera remesa. Leí todo el material en una sola sentada. El fondo y el enfoque me encantaron. Conocer esa faceta tan íntima de Ricardo a través de las cartas a su primer nieto, impecablemente escritas y en las que deja plasmadas muchas lecciones de vida, fue un privilegio que llegó a la mía en momentos de mucha soledad e introspección.

Luego del primer envío, esperaba con ansias esa especie de novela por entregas en la que el lector aguarda emocionado la llegada de la siguiente. La lectura del trabajo de Ricardo drenando sus emociones en un período difícil de su vida fue para mí una gran oportunidad de retejer hilos cruzados de una historia familiar de afectos profundos y a veces no suficientemente cultivados porque la vida nos llevó por diferentes direcciones. Retomar el hilo de amor que nos une desde tiempos ancestrales, redescubrir esas raíces y evocar la memoria de tantos personajes importantes de mi infancia es algo que no dejaré de agradecer al Universo, por ese regalo que llegó a mí a través de las cartas de Ricardo. Así transcurrió un período en el que intercambiamos comentarios y reflexiones y en el que en algún momento comentamos la necesidad de ponerle punto final a este libro para que pudiera llegar a tus manos.

Se trata de lecciones profundas que Matías leerá en diferentes etapas de su vida y que comprenderá cuando pueda relacionarlas con sus propias vivencias en el mundo en el que le tocará vivir. Mientras crece, las otras personas —quienes tenemos el privilegio de leerlas— disfrutaremos de las experiencias de Ricardo y de su propósito de resaltar los valores. Además, esta lectura constituye una excelente oportunidad para reflexionar sobre nuestra propia vida; su contenido nos lleva indefectiblemente a evocar momentos claros y oscuros de nuestro transitar y a hacer balance de lo vivido y de las lecciones que ese camino nos ha dejado. La vida es un *collage* de momentos dulces y amargos que vale la pena vivir y también tener el coraje de contar.

Es, sin duda, un libro escrito desde el corazón y de esa manera llegará a quien lo lea. Además, es importante resaltar un valor agregado de esta obra: entre líneas se adivina el país que tuvimos y cómo poco a poco se fue desdibujando para convertirse en un pueblo fantasma; pero también cómo las semillas están sembradas con el amor, la responsabilidad, la perseverancia y tantos otros valores que aquí se resaltan. Más temprano que tarde las veremos germinar para recuperar el país que tuvimos y hacerlo aún más hermoso y próspero.

Como Matías es el primer nieto y segura estoy de que vendrán algunos más para felicidad de todos, estoy convencida de que este libro será solo el primero de una serie que Ricardo escribirá, porque queda mucha tinta en ese tintero y muchos más valores para resaltar e historias para compartir. De nuevo mil gracias, Ricardo, por el privilegio que me has concedido. Estoy prevenida al bate para los próximos.

Escrito el 18 de julio del 2019, desde mi exilio temporal y voluntario en Santiago de Chile, con las neuronas congeladas y con el acceso a las musas bloqueado por el frío invierno.

Magaly Pedrique de Aulacio

LA FUERZA MÁS PODEROSA

Quizás pueda parecerte extraño pero, en primer lugar, me gustaría hablarte del amor, de su influencia en todos los ámbitos de la vida.

El amor es una emoción suprema, la madre de todos los sentimientos. Es muy corta la palabra para la profundidad de su significado. El amor es inspiración constante. Es la fuerza invisible y poderosa que nos guía por el sendero de la felicidad. El amor es y lo encierra todo. Es armonía. Es paz. Es plenitud. Es alegría. Es hacer el bien y sentirse bien. Es confianza.

El amor también es la energía que potencia nuestras ganas y moldea nuestra fuerza interior, esa que nos impulsa en la búsqueda del logro de nuestras metas.

Vivir en amor es vivir en positivo, y aunque también te pueda sorprender con alguna decepción, su significado es tan sagrado que solo puedo destacar lo bueno.

Existen innumerables cartas de amor; sin embargo, quiero compartir contigo un segmento de la conmovedora carta que escribió Albert Einstein —una de las mentes más brillantes de la historia— a su hija. Dice así:

> El amor es luz, dado que ilumina a quien lo da y lo recibe. El amor es gravedad, porque hace que unas personas se encuentren

atraídas por otras. El amor es potencia, porque multiplica lo mejor que tenemos y permite que la humanidad no se extinga en su ciego egoísmo. El amor revela y desvela. El amor es Dios y Dios es amor.

Suscribo cada una de esas palabras, querido nieto, y agrego que el amor es tu propia esencia. Es tu naturaleza. Por lo tanto, el amor incondicional te completa y te separa de los placeres relativos. Te eleva la conciencia y, con ello, te prepara de la mejor manera para tu desarrollo interior.

Vivir en amor depende absolutamente de ti y de cómo lo transmitas para crecer en tu existencia.

He tenido la inmensa dicha de haber entendido, en su versión más sublime, el significado del amor al lado de tu abuela Luisa, y eso me empodera para decirte que cuando llegue a ti esa persona, comprenderás lo que te digo. Tu abuela ha sido fuente de inspiración.

Por tal razón puedo asegurarte que ese alguien especial llegará, moldeará tus defectos y equilibrará tus virtudes. Comprenderá tus silencios y acompañará tus frustraciones. Cuando eso suceda, sabrás instantáneamente que es la mujer de tu vida, quien te mostrará que vivir en amor es tarea fácil. Crecerás con ella y compartirás todas las etapas de la existencia: la de ser padre y luego, al igual que me sucede contigo, la dicha de convertirte en abuelo.

Sin embargo, debo alertarte que en el amor también existen las decepciones. Debo alertarte que la vida misma se nos presenta de diversos colores, grises y azules, que nos sacuden los días. Sucede a diario. Más de lo deseado. A tu abuela y a mí nos ha tocado. Los fantasmas nos han rodeado, pero los hemos enfrentado con la misma pasión que nos unió hace treinta años.

Todavía lo hacemos. Luchamos contra el fantasma de la distancia en busca de un mejor destino para nuestras hijas.

Por ello te pido que ames con intensidad. No te escondas nada. No raciones nunca lo que sientes. No raciones nunca el amor a tus padres. Esos seres maravillosos que te dieron el ser y una educación merecen tu amor y tu respeto. Hónralos siempre. Por supuesto que tendrás momentos de rabia e inconformidad con ellos pero, aun así, ámalos con todas tus fuerzas. Nunca dejes de hacerlo. Por nada ni por nadie. Recuerda que ellos representan para ti la justa representación del primer amor.

Ama profundamente. Sin límites. Ama y protege a quien elijas como tu compañera de vida. Entrégale todo lo que sientes sin pensar en protegerte. Permítete sentir el amor en su justa medida. No dejes que alguna mala experiencia te aleje del camino del amor. Siempre llegará alguien que te entienda y valore en profundidad. Tu padre encontró a tu madre. Yo encontré a tu abuela.

Los amores no son perfectos pero, si el amor es verdadero, son imperecederos.

Solo aquellos que se aman pueden enfrentar las situaciones amargas y superarlas. La clave de todo es que el sentimiento esté vigente. Sin él, cualquier reconciliación resultará efímera. Cuando esto ocurra contigo, debes comprender la motivación y las sensaciones de tu pareja, ponerte en sus zapatos y, lo más importante, comunicarte con sinceridad. Comunicarte con el lenguaje del alma. Siempre que el amor esté presente, hay una posibilidad. Lo más importante es que la calidad del tiempo en felicidad supere a los problemas. Siempre habrá un motivo para sonreír y cuando este motivo se esconde debes recrear los recuerdos de aquellos momentos en los que la relación era fuerte. Existen otras formas. Cada quien impone las suyas. Yo solo te reitero que el amor te transforma, soy vivo ejemplo: tu nacimiento me llenó de un sentimiento tan sublime que sumó ganas y años a mi vida. Un sentimiento que confirmó, de hecho, aquel refrán que dice "el amor es ciego", pues nació en el mismo instante del anuncio de tu llegada.

En definitiva, querido nieto, vive en amor y haz que parezca fácil. Para ello no hay mayor secreto: ¡ama intensamente!

UN REGALO SILENCIOSO

En algún momento te sentirás ofendido por la acción o las palabras de alguien. No deseo que pases por un momento así, pero no puedo mentirte. Muchas veces la vida es cruel y te castiga. Muchas veces te encontrarás con individuos que actúan de mala fe y te sorprenderá cuánto te dañarán. Aun así, querido nieto, perdona.

Perdonar te limpia el alma. Es un acto de fe y te acerca a Dios. Perdonar es una acción que distingue a los diferentes. Tú lo eres. Perdonar te reporta paz interior y, cuando eso sucede, las situaciones que se presenten en tu existencia estarán bendecidas. Aléjate del rencor. Perdonar no te hace débil; al contrario, te fortalece y te aporta sabiduría.

Hay una frase, muy contundente y completa, que se le adjudica a Robert Enright y que dice así: "El perdón es un regalo silencioso que dejas en el umbral de la puerta de aquellos que te han hecho daño". Esta frase es maravillosa en su contenido y poesía, y además resume, en pocas palabras, lo que intento explicarte en esta carta.

Cuando perdonas, regalas al agresor esa dosis de bondad tan necesaria en la sociedad actual. Muchas veces cometemos el error de ser buenos e inocentes con las personas equivocadas; aun así, no permitas que esto cambie tu esencia. Perdona siempre, para que tengas la oportunidad de ser perdonado. Aprende a perdonar. Recuerda a diario que todos nos equivocamos. Con o sin intención, poco importa. Lo importante es que seas honesto contigo y con quienes te rodean y que no dudes ni un momento en pedir perdón si, por un error o una omisión que hayas cometido, has ofendido a alguien.

Debo advertirte que, aunque tengas la intención de perdonar, la acción en sí misma es bastante complicada. Es muy difícil dar un paso adelante al ser ofendido, pues estamos constantemente batallando contra nuestro ego. Tómate el tiempo que quieras, no hay prisa. El perdón siempre ofrecerá a ese alguien, en cualquier momento, la posibilidad de comenzar de nuevo, de corregir, y eso la hará alguien mejor. El mismo acto en sí te reportará la misma sensación. Confía en mí, aunque sé que será difícil.

Tal vez cuando estés leyendo esta carta tengas un asunto pendiente y digas: "Para mi abuelo todo parece tan fácil; se ve que no conoce el daño que me han causado". Sé que es así. Lo he vivido muchas veces y por ello estoy obligado a reiterarte mi consejo: ¡Perdona!

No dejes que tu alma se llene de oscuridad, pues ocupará el espacio que está destinado al amor. Recuerda las palabras de Enright: cuando perdonas, dejas un regalo silencioso a aquellos que te hicieron algún daño. Ofréndales eso a tus agresores.

Hay una historia muy conmovedora relacionada con el perdón, protagonizada por Eva Kor —una dama rumana, para entonces una niña—, sobreviviente de uno de los momentos más negros de nuestra historia: el holocausto.

Recomiendo que la busques y explores más acerca de este episodio de perdón a sus verdugos, que la leas. Es un compendio de lucidez, bondad, amor y legítimo acto de perdón, que transforma a quien lo da y a quien lo recibe.

Perdonar públicamente a sus verdugos e incluso fotografiarse con uno de ellos le valió las airadas críticas de los miembros de la comunidad judía, quienes —quizás con justa razón— recuerdan las horrendas torturas, humillaciones y asesinatos de millones de seres humanos en este amargo episodio de nuestra historia. También le fue reclamado el atribuirse el perdón en nombre de todos los judíos.

Aun así, ella no desistió de su posición y en un acto público expresó las siguientes palabras: "No hay manera de que yo pueda perdonar por todas las víctimas. El perdón es un acto personal, relacionado al cómo te sientes, y yo no puedo sentir lo que otros sienten". Y además agregó: "Habría deseado grabar este acto en la sinagoga, para que la gente entienda por qué es tan importante perdonar; ellos viven enojados y yo no".

Esas palabras encierran una gran verdad. El solo acto de perdonar te libera y eleva tu esencia por encima de todo lo malo que hay en el mundo. Vivir enojado es la semilla para las discusiones futuras e incluso para las guerras, las injusticias y la venganza. Aléjate de ello y practica el perdón a diario, en cualquier momento, sin importar el daño que te hayan hecho.

Perdona a quienes te dañan adrede, a quienes te niegan los buenos días, a quienes te juzgan injustamente, a quienes hablan de ti a tus espaldas, a quienes actúan de mala fe y ofenden a tus familiares. Hay mucha mezquindad en el mundo y te aseguro que con este pequeño acto diario de bondad estarás mejorando tu vida y la de muchos.

Me gustaría terminar esta carta con otra frase de Eva Kor que habla por sí misma: "El perdón pone fin a la violencia y ayuda a sanar. Por eso siento que es una fórmula mágica para la paz". ¡Cuánta verdad en tan pocas palabras!

En definitiva, querido nieto, perdonar es un acto de amor. Recuerda siempre perdonar. Nunca es tarde para hacerlo, sí para pedirlo. Aleja de tu vida los resentimientos y actúa siempre bajo esta premisa que nos regaló el maestro Gandhi: "No dejes que muera el sol sin que hayan muerto tus rencores".

ENTRENA TU MENTE

Es muy probable que hayas oído hablar mucho acerca de la importancia de mantener una actitud positiva. Es innegable que la buena disposición es uno de los atributos más importantes en el andamiaje de la vida, que nos hace recorrer el camino de los años de forma más placentera y nos conduce por el sendero de la felicidad.

Una actitud positiva te permite valorar las situaciones en su justa medida y enfocarte solo en aquello que te reporte crecimiento.

Tener una forma de ser positiva depende en gran medida de la forma como elegimos mirar al mundo o a cuanto nos sucede a diario.

Si alguna situación es adversa y mantienes una actitud positiva, tendrás siempre a la mano el primer paso en búsqueda de la solución. Si, por el contrario, te dejas llevar por la ira o el pesimismo, estarás en problemas.

Todos cometemos errores, unos más que otros, pero, en definitiva, se digieren mejor si los acompañamos de una buena disposición porque, al final, siempre valoraremos el aprendizaje que nos deja la situación vivida.

Por ello, querido nieto, adopta siempre una actitud de crecimiento. Debes comprender que siempre podrás mejorar tus capacidades y el nivel de tus habilidades. Ten esto siempre presente y percibirás rápidamente una mejora en todos los proyectos que decidas emprender.

Evita preocuparte demasiado por el fracaso, pues fracasar supone no tener éxito nunca. Eso no es cierto. Encara tu existencia con pasión y regálate siempre la mejor disposición para enfrentar los retos que se presentan a lo largo de la vida: en el colegio, en los exámenes, en el deporte, en el trabajo.

La importancia de tener buena actitud la resume muy bien un consultor español de apellido Küppers. Te recomiendo que busques sus videos y escuches sus mensajes, son divertidos y su enfoque te gustará. No puedo asegurarte que logres verlos, ya que para el momento en que estés leyendo estas cartas habrá pasado mucho tiempo.

Sin embargo, no importa. Aquí está tu abuelo para resumirte y facilitarte las cosas. Küppers menciona, en una fórmula que resume el valor de una persona, que la disposición es un factor diferencial en relación con los otros atributos, y expresa que la fórmula del valor es igual a la suma del conocimiento más las habilidades, multiplicado por la actitud. En resumen, indica que para tener éxito hace falta conocimiento —eso es indudable, ya que no hay ser más inútil que un idiota motivado—. El segundo elemento es la habilidad, la cual refleja, entre otras cosas, la experiencia en el enfoque y la ejecución. Ambos elementos son necesarios para el valor de una persona, pero lo que realmente marca la diferencia es la actitud. De allí que, en la fórmula propuesta, este factor multiplique.

Esa es la clave, querido nieto. La gente podrá reconocerte por tus conocimientos y habilidades, pero siempre te recordará por tu manera de ser. Por tu forma de encarar las situaciones difíciles. Por tu optimismo. Por la forma como miras la vida. Insisto, querido nieto, esa es la clave. Tu actitud hará que dejes huella en aquellos afortunados que lleguen a conocerte.

Mantener una manera positiva de enfrentar la vida depende de nosotros mismos. Tal como menciona Viktor Frankl, psiquiatra austríaco, en su libro *El hombre en busca de sentido*, en momentos de tensión máxima, cuando sientes que todo está perdido y el destino que está pintado es, por ejemplo, la muerte, es posible que pierdas la esperanza. Pero la buena noticia es que la forma como enfrentes esas situaciones difíciles depende exclusivamente de ti. El factor actitud es tan importante que semejante afirmación se desprende del relato de sus experiencias en el campo de concentración nazi de Auschwitz. Por supuesto que un entorno viciado de injusticias y obstáculos puede afectarte. Claro que hay situaciones dolorosas que nos mueven el piso y nos hacen dudar; sin embargo, es mi deber recordarte que sin oscuridad no puedes ver las estrellas. Son solo pruebas que nos presenta la vida para confirmar nuestro propósito y cuán enfocados estamos.

Entrena tu mente para ver algo bueno en cada situación y, desde esa perspectiva, los resultados serán favorables o, en todo caso, podrás evaluar con absoluta objetividad lo que te ocurre y tomar decisiones acertadas que te regalen la solución posterior.

Historias inspiradoras de cómo influye la actitud en nuestros logros y en nuestra existencia hay muchas, pero no me queda mucho tiempo para terminar esta carta. Sin embargo, te comento que me inspiran mucho las relacionadas con los deportistas. Siempre encierran una enorme dosis de disposición, esa que, como ya mencioné, multiplica tu valor, tu bondad, tu pasión y tu esencia.

De esas historias tendrás muchas y ya puedo imaginarte buscando las de tus deportistas favoritos. Eso está muy bien, y por ello solo compartiré contigo una muy corta, cuyas palabras reflejan de la mejor manera la esencia de la actitud.

Es la historia de un joven estadounidense, de nombre Joey, quien perdió ambas piernas en un accidente. A pesar de ello, Joey siempre mostraba su mejor cara, su mejor forma de enfrentar la vida.

Un día, un grupo de jóvenes curiosos, asombrados por la actitud y alegría que mostraba Joey a diario, lo abordaron y le preguntaron cómo podía ser tan alegre y positivo a pesar de no tener sus piernas, a lo que Joey respondió: "¿Cómo pueden ustedes ser tan negativos teniendo las suyas?".

Estoy absolutamente seguro de que esta corta historia te ha gustado. Encierra mucha verdad. Por ello te invito a que la tengas siempre presente. Vivimos buscando lo que nos falta y no disfrutamos a plenitud de lo que tenemos. No disfrutamos de lo que hemos construido. De allí la importancia de mantener una buena disposición.

En definitiva, querido nieto, no esperes a que pase la tormenta. Aprende, más bien, ¡a bailar bajo la lluvia!

RIEGA TU ESENCIA

Hoy te escribo desde la oscuridad.

Me he despertado en medio de la madrugada y no pude reconectarme con el descanso. Mi mente repetía algunas frases, metáforas que he leído o visto en redes sociales, que siempre valoro como reflexión. A pesar de la hora, me parece genial poder compartirlas contigo.

Esta metáfora recrea unos consejos que podrás recordar cuando tengas un lápiz en tus manos. Con seguridad has tenido muchos, querido nieto, y eso es magnífico, pues me permite describir el proceso con la convicción de que me entenderás sin ningún problema.

Para empezar, estoy seguro de que muchas veces habrás tenido que sacar punta al lápiz (afilarlo) para poder escribir con claridad. Si te imaginas, ese proceso puede resultar más que doloroso dado que, para poder escribir, mutilas parte de su caparazón de madera y dejas regadas sus partes en un recipiente especial que forma parte del sacapuntas. ¿Qué tiene que ver esto con la vida? Te explico:

A lo largo de nuestra existencia pasamos por muchos momentos dolorosos, unos más que otros; nadie está exento de vivirlos. Lo conducente aquí, querido nieto, es que mires cada uno de esos momentos como una oportunidad de aprendizaje.

Que ante el dolor —si bien la primera reacción puede cegarte y no siempre es la mejor— aprendas a quedarte con la lección que te deja. Esa actitud sin duda te reportará crecimiento, te hará más fuerte y aliviará la carga del momento, al aceptar que hay situaciones que no podemos controlar pero que nos suceden por alguna razón. Yo prefiero pensar que nos ocurren para seguir creciendo como personas. Por ello, mi consejo es que aprendas a buscar en cada situación el mensaje positivo que esconde. No lo olvides. Eso, te aseguro, te hará la vida más llevadera.

Como ya te he comentado, en el transcurrir de nuestros días cometemos errores, muchos sin intención alguna. Simplemente actuamos de manera apresurada o descuidamos uno que otro elemento importante. Estoy seguro de que este último es tu caso. Sin embargo, aun cuando hayas cometido un error, la vida siempre te dará una oportunidad de corregirlo, de enmendarlo. De allí la similitud con la goma de borrar. Te equivocas, borras lo que hiciste, lo almacenas como aprendizaje, corriges y sigues adelante. La existencia es un proceso, querido nieto: buenos y malos momentos se nos cruzan; no obstante, siempre tendrás la oportunidad de corregirlos. No te quedes enganchado en una situación dolorosa. Debes aprender a mirarla en su justa medida, sin hacerte daño, ya que en su gran mayoría depende de múltiples circunstancias que no podemos controlar. Si dependen de ti en exclusiva, piensa en la goma de borrar, corrige y sigue adelante. Acepta lo vivido sin lastimarte y pon toda tu atención en el momento presente.

La cualidad principal de un lápiz es la de escribir. En tu caso, seguramente habrás pintado muchos dibujos con creyones especiales. Da igual lápiz o creyón. Lo importante aquí, y que quiero destacar, es que con un lápiz en tus manos escribes historias. Me complace mucho poder imaginarme recibiendo una carta tuya con un mensaje que incluya un "te quiero mucho, abuelito". Ahora bien, esta cualidad de escribir debe recordarte que cada uno de nosotros construye su propia historia. Yo te invito que escribas la tuya con pasión, sin miedo. Busca tu propósito y encara la vida con alegría. Deja huella en los afortunados que lleguen a conocerte.

Por último y, diría, lo más importante: su apariencia. Si te fijas bien, la belleza de un lápiz o de un creyón es poco reconocida a pesar de la perfección de sus formas y colores. Esto constituye el cuerpo que, te pido, para esta última lección, lo asimiles al nuestro.

Sin desmeritar su belleza y su indudable aporte al momento de escribir —por cuanto te permite el agarre y protege la mina que se encuentra en su interior— la parte más importante la representa la mina que se esconde entre las diminutas paredes de madera, pues de ella emerge la misión principal de un lápiz, que es la de plasmar, en el acto de escribir, nuestro trabajo, ideas y sentimientos. En este sentido, si bien es cierto que tenemos un cuerpo que cuidar, lo primordial es lo que llevamos por dentro, en nuestro interior, allí donde yacen el alma y la conciencia, donde los silencios hablan. De allí la similitud con la mina.

Cultivar tu ser interior te reporta felicidad. Te permite vivir de forma consciente. Te regala luz en la oscuridad, paz en las tormentas. Te conecta con Dios. No dejes de cultivar tu esencia. Riega tu espíritu cada día y aprende a llegar donde se esconden tus silencios. La felicidad la construimos desde adentro. Que no se te olvide eso nunca, querido nieto. A quien aprende a vivir desde adentro no le hace falta nada. Vivirás con humildad y, con ello, *sortearás muchas montañas*, al estar más compenetrado con tu realidad, con lo que tienes. En resumen, disfrutarás mucho más lo que posees y vivirás más regularmente en el momento presente.

En definitiva, querido nieto, aprende a vivir desde tu interioridad. Cuando te pierdas, pues te ocurrirá, piensa en la metáfora del lápiz y con toda certeza encontrarás la guía perdida.

No olvides que la felicidad nace desde adentro. Lo externo es efímero, no te completa. Cultiva el alma. Riega tu esencia. Acompaña a tus silencios.

NO TEMAS SER DIFERENTE

Hoy salí a caminar muy temprano y ahora, a mi regreso, estoy sentado escribiéndote esta carta.

Ha sido curioso ya que, durante mi rutinaria caminata, he recordado un episodio de mi infancia que me gustaría compartir contigo. Debo confesarte que mis recuerdos de juventud son escasos y, por ello, me animo a contarte este relato que espero te guste y al mismo tiempo te deje alguna reflexión. Te cuento…

Tenía alrededor de diez años y estudiaba en un colegio de padres agustinianos, todos españoles, por lo que te será fácil predecir que el deporte que se practicaba era el fútbol.

Siendo así, además de la selección que representaba al colegio en competencias intercolegiales, se organizaban torneos internos entre las diferentes secciones que tenía cada grado.

Yo recuerdo que representaba a la sección C. En esa sección también estudiaba un destacado integrante de la selección del colegio, de la cual yo también formaba parte, pero sin la ascendencia de este chico, que era muy popular y que además jugaba muy bien.

El protocolo del campeonato interno exigía la escogencia de un capitán, entre cuyas labores estaba la de buscar los denominados parales en los depósitos del colegio, además de las ya conocidas, como portar la banda de capitán y participar en el sorteo previo al inicio del partido.

En el caso de nuestra sección, se daba por descontado que este chico sería el escogido, por su juego e influencia. Sorprendentemente no fue así: tu abuelo Ricardo terminó siendo elegido capitán después de una cerrada votación que se decidió por el último voto, anunciado por el llamado *nerd*[1] del salón de clases.

Para mí también constituyó una sorpresa, pues aunque mi nivel de juego era aceptable, siempre fui un muchacho tímido que prefería jugar de manera disciplinada para el equipo, sin pensar en destacarme de forma individual.

Al inicio de la votación, el caudal de votos por ese chico era abrumador; sin embargo, al oírse por primera vez mi nombre, los demás compañeros se atrevieron, a tal punto que fui seleccionado capitán de mi sección.

Ahora bien, esta historia no es tan solo una anécdota. Más bien deseo que te sirva de referencia para que entiendas que no siempre vence el más fuerte, el popular o el mejor jugador. Vence quien, por su manera de ser, transmite unidad al equipo; quien no depende solo de su juego, sino que aporta confianza a los compañeros olvidados y, además, es humilde. Esto también es válido para todos los ámbitos de la vida. Cuando actúas con humildad, los caminos se abren más fácilmente.

Por ello te digo, querido nieto, que no temas ser diferente. Ser diferente está bien. No estás obligado a parecerte a

---

[1] *Nerd* es un vocablo, categorizado de peyorativo, por medio del cual se hace referencia, por lo general, a la persona dotada de una serie de características entendidas como socialmente particulares.

nadie. Eres único. No lo necesitas para triunfar. Desarrolla tu propia personalidad y sé consecuente con ella. Haz el bien y condúcete siempre con integridad. Esto te garantiza buenas noticias a lo largo de tu existencia. ¡Tú eres diferente!

Debo alertarte acerca de que ser diferente puede llevar consigo algunos inconvenientes, sobre todo en la etapa escolar, pero te aseguro que al final del sendero tus compañeros te envidiarán y querrán parecerse a ti.

Actúa con determinación y persigue tus objetivos con pasión, sin dañar a los demás. A quien obra con integridad, a quien hace el bien, la vida le regala cosas buenas. No hagas caso a los comentarios de quienes te envidian, pues son solo una muestra de que quieren parecerse a ti y no pueden. Porque tú eres diferente, querido nieto.

Cuando lo eres, construyes un liderazgo basado en el ejemplo. Bien dicen que las palabras convencen, pero el ejemplo arrastra. Sé el ejemplo de muchos, haz el bien y recuerda siempre que tú eres diferente.

En definitiva, querido nieto, no temas tener opiniones distintas a las de los demás. Actúa con humildad y defiende tus ideas. Al final del camino, solo los nobles y diferentes tienen reservados puestos de liderazgo.

CUARENTA Y DOS KILÓMETROS, UNA PROMESA

Hoy te escribo para relatarte una de las experiencias deportivas más importantes que he tenido en mi vida. La recordé mientras corría esta mañana muy temprano; tenía algunas semanas sin hacerlo y el esfuerzo realizado me trajo este recuerdo.

En el año 2006, tu abuelo Ricardo hizo el Maratón de Nueva York, una de las carreras más importantes a escala mundial. Mi primer y único maratón, al menos hasta el momento de escribirte estas líneas.

A pesar de que por lo general intento mantenerme en forma, nunca fui un corredor de distancias largas y haberme atrevido a inscribirme en ese maratón resultó todo un reto que, aun siendo deportivo, supuso una lección que agradezco haber aprendido y poder compartirla contigo. Esa enseñanza trata acerca del esfuerzo y la perseverancia.

El Maratón de Nueva York se corre a principios de noviembre. De acuerdo con mi plan, empezaría con mi entrenamiento seis meses antes. El solo pensar en correr distancias largas, cuando mi recorrido máximo habían sido cinco kilómetros en alguna oportunidad, sembraba dudas en mí. Pensar en lo que debía enfrentar no era alentador, e intentarlo, al principio, fue una verdadera tragedia.

Aún recuerdo mis intentos por comenzar a adaptarme a largas distancias; la más traumática, la recta de doce kilómetros para llegar a Chichiriviche de Falcón, donde rutinariamente viajábamos los fines de semana a disfrutar de hermosas playas.

Hubo dos intentos, ambos sin éxito. Fue en verdad frustrante llamar a tu abuela Luisa en ambas oportunidades para que me recogiera en medio de la ruta. Comencé a objetar mi participación en el maratón y a cuestionarme con fuerza el poder llegar a la meta.

Y es aquí donde interviene la perseverancia, uno de los valores fundamentales para avanzar en el logro de nuestros objetivos.

Ese factor fue clave. Había decidido dedicar la carrera a tu tía Daniela, por una promesa que le había hecho a la vida cuando estuvo delicada de salud a los pocos días de nacida. El cumplir con la promesa se convirtió en un motivador excepcional para mi logro ulterior. Y justamente allí comenzó todo. El reto no solo era deportivo, sino también personal.

De allí, querido nieto, quiero dejarte mi primer consejo de esta historia: cuando decidas perseguir un objetivo, piensa primero en algo que te motive y te recuerde que renunciar no es una opción. A mí no me falló y te aseguro que a ti tampoco te fallará.

Luego tendrás que esforzarte mucho; en mi caso, corridas diarias programadas para ir ajustando las distancias durante los seis meses de entrenamiento. Aquí damos paso a la perseverancia. A la disciplina. No todo se consigue con facilidad y mucho menos cuando es un área poco conocida. Muchas cosas se consiguen con el tiempo; en mi caso, ese tiempo se medía en seis meses.

A pesar de los tropiezos del inicio, mi cuerpo se fue adaptando paso a paso, día a día, y así, con el transcurrir de las semanas, completé mis primeros diez kilómetros. Meses más tarde, participé en una media maratón (veintiún kilómetros) por primera vez. ¿Qué quiero significar con esto? Dos cosas: la importancia de la disciplina y la perseverancia en seguir con un plan a pesar del esfuerzo y dedicación que implican meses de entrenamiento. También el lograr enfocarme en el proceso de adaptación, dejando a un lado la ansiedad que me generaba pensar en el tiempo que quedaba para prepararme y, más aún, si me alcanzaría para culminar el maratón.

Pero la vida está llena de retos, querido nieto, y la mejor forma de enfrentarlos es dando un paso a la vez sin perder el norte del objetivo final. Planificar el proceso lo mejor que puedas e ir recompensándote a lo largo del mismo.

Llegó el ansiado día, 6 de noviembre de 2006, y lo logramos. Sin embargo, no todo fue fácil. Tuve que lidiar con un dolor en mi pie izquierdo durante al menos unos treinta kilómetros. Pero desde que comencé la carrera estaba todo decidido: nada impediría que llegase a la meta, pues contaba con una combinación perfecta de motivación y perseverancia. Esta última palabra también constituye, en mi opinión, un elemento clave para alcanzar el éxito en el ámbito empresarial.

Perseverar significa no renunciar a pesar de las circunstancias. Y de esto se trata la vida, querido nieto. Caer y levantarse es cosa de todos los días.

Para terminar debo decirte que, al culminar la carrera, después de cinco largas horas trotando sin parar, recibes la medalla que corona un esfuerzo de muchos meses, un esfuerzo importante que te lleva al límite de tus capacidades.

Hoy, después de doce años de haber corrido el maratón, no tengo planeado repetirlo pero aspiro a que, en tu palmarés deportivo, ganes tu segunda medalla del Maratón de Nueva York y que yo tenga las fuerzas suficientes para celebrarlo contigo.

Si digo "segunda medalla" es porque deseo que tomes la mía como un regalo muy preciado que te ayude a recordar esta historia y las lecciones que te deja.

DEJA TU SELLO

John *Jock* Hume tenía veintiún años al momento de morir tocando su violín entre gritos y llantos, con sus compañeros de orquesta, mientras se hundía el famoso barco Titanic como consecuencia de haber chocado contra un iceberg en algún rincón del océano Atlántico en plena medianoche.

Esta historia, que parece de película —de hecho, fue llevada al cine hace algunos años—, sucedió en la vida real. Fue recordada recientemente en un programa de radio por cumplirse un aniversario más de tan dramático suceso. Oírla me trajo a la memoria numerosos pensamientos y reflexiones que quisiera resumirte en esta carta.

No voy a mentirte. Aunque te parezca extraño, la primera palabra que se cruzó por mi mente fue "responsabilidad".

Algunos dirán que, vista la situación y las nulas posibilidades de sobrevivir, no le quedaba más remedio que seguir en lo suyo: tocando el violín en compañía de sus compañeros. Sin embargo, a mí esta historia me anima a pensar diferente y a resaltar que, a pesar del momento y las dificultades, este joven cumplió con su responsabilidad de distraer a los enloquecidos pasajeros, quienes, desesperados por la gravedad del accidente, veían de cerca su final.

Resulta increíble pensar que, aun sabiendo que su destino en pocas horas sería la muerte, no cesó en cumplir con la responsabilidad de su trabajo. No le importó si estaban siendo escuchados; es muy probable que los gritos hubieran cegado el sonido de los violines; aun así, siguieron tocando, cumpliendo con su responsabilidad.

Con esta historia quiero destacar, querido nieto, que la responsabilidad debe estar presente en cada acción que emprendas en tu vida. Asumir con pasión las tareas y comprometerse en el proceso son garantía de buenos resultados. También quiero destacar que, al igual que el joven violinista, tu compromiso debe estar presente en todo momento, aun estando sin supervisión. A eso lo llamo "integridad".

Hacer siempre lo mejor que puedas, aun cuando tus superiores o compañeros no te están viendo. Eso, estoy plenamente seguro, te reportará muchas satisfacciones.

Da siempre el cien por cien en todo lo que hagas. No te escondas nada. El momento de hacerlo es hoy, pues mañana puede ser tarde. Quien pone el esfuerzo y da siempre lo mejor no le da oportunidad al miedo y al fracaso. En todo caso, si algo falla, valorarás *a posteriori* el aprendizaje que te queda, el cual te hará madurar y convertirte en tu mejor versión. Deja el pellejo en todo lo que hagas. Deja tu sello. Asume plena responsabilidad en los asuntos que te encarguen, no dejes nada sin terminar en ningún rincón de tu vida.

Te aseguro que la satisfacción que te queda por los momentos vividos cuando asumes plena responsabilidad es una sensación que va moldeando tu carácter y tu liderazgo y que recordarás por siempre en cada proceso que encares a lo largo de tu existencia.

Debes aprender a reconocer la diferencia entre "involucrarte" y "comprometerte". Involucrarte supone superficialidad en tus actos. Contribuyes en algo pero no te comprometes hasta el final. Un ejemplo de esto ocurre en el proceso de parto de una madre. El padre se involucra en la etapa de creación y además acompaña a su esposa en todo cuanto concierne a la concepción, pero en realidad no se compromete. La madre, en cambio, se compromete hasta el final. Asume la responsabilidad plena de traer a la luz a su pequeño hijo, muy a pesar del inmenso dolor que acarrea todo el proceso. Ya sé que es un poco duro el ejemplo que relato, pero necesito que me entiendas con la crudeza del ejemplo y que asumas de la mejor forma la diferencia entre estas dos opciones. Es muy importante, más de lo que crees.

Una persona se compromete cuando se le va la vida en el proceso y siente *como suyo* el logro de un objetivo, aun cuando los resultados económicos sean disfrutados por otros. El dinero es una consecuencia, pero el aprendizaje y la experiencia que almacenarás serán tu mejor inversión para los retos por venir. Por lo tanto, para ser exitosos debemos dar nuestro mayor esfuerzo hasta el final. No hacerlo es de mediocres, y de esos, querido nieto, está repleto el planeta.

En definitiva actúa responsablemente en todos los ámbitos de tu vida. En el trabajo, en el deporte... da igual.

Deja tu sello y tu esfuerzo en todo lo que hagas y recuerda siempre la diferencia que existe entre involucrarse y comprometerse.

Recuerda que eres diferente. Recuerda que los mediocres viven en la oscuridad. Vive en la luz y da siempre el todo por el todo.

LOS VERDADEROS CULPABLES

Este episodio tiene que ver, querido nieto, con la honestidad e incluso con la amistad.

Sucedió en mis años de liceo. No es una historia muy bonita o ejemplar, pero la vida es así: una mezcla de azules y grises, como tantas veces te he comentado.

Siento el deber de contarte las buenas y malas experiencias. Eso te hará crecer y al mismo tiempo te alertará acerca de las situaciones que se nos presentan. De esta manera, podrás distinguir entre el bien y el mal, poner límites a tus decisiones y valorar de mejor manera las consecuencias de tus acciones.

Era época de exámenes y, por supuesto, de nervios. Entre las diversas materias, aparte de Matemáticas, a casi todos en el salón *nos* iba mal en Inglés.

Por esas jugadas del destino, a unos compañeros se les ocurrió conseguir el examen, ingresando de forma fraudulenta a la oficina administrativa donde se reproducían las pruebas y cualesquiera otros materiales educativos. Yo era ajeno a esta acción, al igual que la mayoría de los integrantes del salón. Solo tres de mis compañeros participaron.

Para mi sorpresa, al día siguiente, los protagonistas del hecho me comunicaron lo ocurrido y me invitaron a unirme al fraude de aprenderme de memoria las respuestas del examen, que efectivamente teníamos en nuestras manos. Y digo "teníamos" pues, en el mismo instante en que conocí lo sucedido, ya formaba parte del fraude. Sin quererlo ni planearlo, era parte de una banda que había robado el examen y, debido a la amistad que me unía a ellos, opté por callar.

Pero eso no quedó allí. Momentos más tarde, decidimos repartir el examen a la totalidad de los integrantes del salón, con la promesa colectiva de evitar sacar la máxima nota. Había que cometer errores para, de este modo, no llamar la atención de la profesora al momento de su revisión.

Llegó el día del examen y *la ambición individual de mis compañeros de clase* los llevó a faltar a su promesa y las buenas notas no se hicieron esperar, con la lógica sospecha por parte de la profesora. Allí comenzó la debacle.

Al día siguiente, la docente nos habló de las razones por las que había decidido anular los resultados del examen y concedió un plazo de días para que los involucrados en el hurto asumieran la responsabilidad. Esto debido a que, al parecer, un pequeño grupo de destacados estudiantes habría comunicado a la profesora lo ocurrido.

Acto seguido, los involucrados decidimos asumir la responsabilidad para evitar el *castigo masivo a todos los integrantes del salón*. Yo estuve de acuerdo con ello, a pesar de que, como ya te he relatado, no había participado de manera directa ni en la planificación ni en la ejecución del mencionado fraude.

En la clase siguiente, según fue anunciado, la profesora pidió a los alumnos responsables del acto que levantaran la mano. Aquello estaba conversado y asumiríamos al mismo tiempo la culpa de lo ocurrido. Sin embargo, para mi sorpresa, todos los ojos se posaron sobre mí debido a que, inexplicablemente, fui el único que se atrevió a alzar la mano. Las consecuencias de esto fueron muchas: me expulsaron durante tres días y repetiría la materia durante el próximo año escolar.

Me sentí muy mal, pues había sido engañado por mis compañeros deshonestos. Pero al mismo tiempo me sentí bien, me sentí liberado.

Percibí que, a pesar del engaño, el simple hecho de haber asumido la responsabilidad ante un acto tan deshonesto, pese a no haber tenido participación directa, limpiaba mi falta por haber cedido a la tentación de conseguir una nota fácil, sin ningún tipo de esfuerzo distinto al de memorizar.

Regresé a la vía de la honestidad y, de igual manera, aprendí que debemos saber medir las posibles consecuencias de formar parte de acciones como esta.

Hoy te puedo decir que no hay mejor sensación de logro que la que llega después de un gran esfuerzo. El esfuerzo significa pasión y compromiso.

Aprendí que los caminos fáciles no existen y que tarde o temprano debes enfrentar las consecuencias de pretender engañarte al tomar atajos que no suman nada a tu vida. El camino fácil es para los mediocres, y no responsabilizarse por los errores es de cobardes.

En cuanto a mis compañeros, los verdaderos culpables, no los culpo. Simplemente fue un error planificado. Una gracia deshonesta que se comete en tiempos de juventud y que tal vez, al día de hoy, cada uno de ellos recuerde con vergüenza, mientras que tu abuelo lo comparte contigo para sumar a tu aprendizaje.

En definitiva, querido nieto, como tantas veces te he dicho: asume tus errores con hidalguía y no bajes la cabeza.

Cuando pierdas el camino del bien por algún error, regresa a él y te aseguro que en ese mismo instante regresará tu esencia.

No te dejes influenciar por nadie, sé firme en tus opiniones y en la defensa de tus valores.

UN PACTO HONRADO
CON LA SOLEDAD

Hoy amanecí con la tristeza en los ojos. Repleto de incertidumbres. Imagino que te estarás preguntando: "¿A los abuelos les pasa eso?". Mi respuesta es: sí.

Los abuelos no somos invencibles. El tiempo nos va venciendo al mismo ritmo que vamos aprendiendo el verdadero sentido de la existencia.

Y hoy me siento así, vencido. Desperté cuestionándome muchas cosas. Eso no es malo, pues te permite observarte con detenimiento, indagar lo que sientes, leer los mensajes que el cuerpo te manda a diario. Observarte te permite comprender mejor los mensajes silenciosos del alma y te ayuda a tomar mejores decisiones.

No es fácil, querido nieto, encontrarse solo después de veintisiete años despertando acompañado. No es fácil llegar a la casa y encontrarla sin vida. No es nada fácil cuando decides dormir y te tropiezas con una cama vacía. Cuando la almohada se vuelve cómplice y te invade de recuerdos. Cuando el desvelo se convierte en tu mejor compañero. Cuando conversas con el silencio.

Es lógico que me pase, querido nieto. No te pongas triste.

Hoy la tristeza está presente pero debo decirte que, en estos años de soledad, también he encontrado muchos otros alicientes que me hacen crecer y ubicarme de manera exacta en el momento en el que me encuentro, y mejor aún, en el que quiero estar.

Cuando estamos solos, existe una comunión entre la mente y el alma. Nos separamos de las expectativas y valoramos en profundidad lo que sentimos. Disfrutamos al máximo cada emoción que llega a nuestra vida y las lágrimas aparecen con facilidad. Seguramente habrás visto el video que hicieron tus padres para anunciar tu llegada. Si no lo has visto, pregúntale a tu mamá. Es un ejemplo de lo que te digo.

Cuando estamos solos, comenzamos a valorar cada segundo de nuestra existencia como si fuera el último y a ver con recelo el tiempo que dedicamos a los asuntos de trabajo, a esas reuniones donde solo se discuten temas inútiles, a aquellas personas que no nos aportan y que están llenas de quejas; esas que, a pesar de su edad, no han crecido y solo piensan en cómo sacar provecho de la desgracia ajena. La vida es caprichosa, querido nieto, y desconocemos todos sus caprichos.

Es así como comenzamos a vivir con más intensidad, esa sensación que solo con los años podemos valorar. Aprendemos a levantar la cabeza y a sentirnos orgullosos de la familia que hemos construido. Aprendemos a vivir desde adentro y no desde la perspectiva de lo que poseemos. Aprendemos a reducir *al máximo* las expectativas, hacemos de nuestra existencia un mundo más real, aterrizamos objetivos y disfrutamos del único momento que es importante: ¡el aquí, el hoy, el ahora! Ese es el secreto de la felicidad, querido nieto.

Con esto no quiero decir que no tengas planes y ambiciones. Tenerlas y trabajarlas es muy importante. Lo que intento decirte es que con cada proyecto, con cada momento, con cada ascenso, con cada amor, llegues al final satisfecho y en paz contigo mismo, agradecido por la experiencia vivida. Este es el gran secreto.

El doctor Daniel López Rosetti, médico clínico argentino, expuso en una entrevista televisada cómo medir la felicidad. Él explicaba que cada persona tiene distintas condiciones de bienestar de acuerdo con su *calidad* de vida, no con su *nivel* de vida. Definía la calidad de vida como el disfrute de lo que efectivamente se tiene. Por su parte, con respecto al nivel de vida, señalaba que este se mide por lo que se posee, mientras que la calidad de vida se entiende como la diferencia entre nuestras expectativas (lo que deseamos) y la realidad. Mientras más diferencia exista entre estos dos factores, menos calidad de vida tendremos.

En conclusión, calidad de vida significa qué tan contentos estamos con nuestra realidad vivencial, es decir, qué tanto disfrutamos de lo que tenemos en el momento presente.

Por ello, querido nieto, sin que pierdas la ambición de trabajar duro por procurarte un mejor futuro, yo te invito a disfrutar a plenitud de cada logro, de cada posesión en el momento presente. No esperes que el tiempo te haga ver esto. Cuando somos jóvenes, tenemos muchos planes, muchos sueños, lo queremos todo. Pero llegamos a una edad en la cual comenzamos a cuestionarnos, y nos damos cuenta de que muchos de nuestros planes y objetivos los seguimos mirando desde lejos. Esto produce un sentimiento de frustración e infelicidad que puede llevarnos a destruir muchas cosas en nuestra existencia.

Por ello —y perdona que sea tan repetitivo en esto—, la clave es valorar profundamente lo que tienes y lo que has obtenido, y no reprocharte por aquello que no has logrado.

Debes cuestionarte siempre la diferencia entre calidad y nivel de vida. Enfatizar más en estas nociones y en lo que significan te preparará de mejor manera para enfrentar las injusticias y las frustraciones que se presentan en el camino. Además, reforzará tu crecimiento interior.

Te lo advierto para que no caigas en ese bache tan hondo que te depara la existencia con los años y para que programes vivir de manera más lineal, es decir, en control consciente de tus expectativas y tu realidad. De cualquier modo caerás. Nadie, por más capaz, está exento de ello. Pero estoy seguro de que, cuando esto te suceda, recordarás esta carta y te sentirás preparado para enfrentarlo.

¿Por qué contarte todo esto? Porque la soledad me ha regalado muchas bendiciones. He crecido como ser humano, he limpiado mis errores y he comenzado a valorar con mayor firmeza las emociones que me abrazan en el momento presente.

Al día de hoy, llevo un poco más de tres años sin tu abuela, separado por la distancia construida por un país desgastado. Deseo infinitamente tener la oportunidad de conversarlo contigo en persona. Si no, te quedará esta historia que tus padres te harán conocer cuando les preguntes al respecto.

También hoy siento la seguridad de que esta carta, un tanto triste, terminará con una sonrisa, así como estoy seguro de que esta experiencia me ha regalado la comprensión del valor que tiene disfrutar cada momento de la vida a plenitud, de que lo importante es lo que tenemos y lo que se nos presenta cada día en diferentes formas, de que las posesiones y el dinero son una consecuencia y de que el gran secreto que encierra la existencia está escrito con la energía que regala el amor.

No pretendo con esto alejarte de los placeres que nos regala la juventud. Simplemente quiero dejarte un mensaje para que tu viaje por este plano sea más placentero que el mío. Ahorrarte años de aprendizaje. Pretendo que conozcas las reglas y sus excepciones. Pretendo que aprendas a vivir con mayor plenitud por dentro que por fuera. Pretendo que ames y disfrutes cada momento como si estuvieras envejeciendo. Pretendo que tu mirada sea más libre y tus sueños más amplios y serenos. Pretendo que des más importancia a la calidad que al nivel de vida.

Yo, entretanto, seguiré envejeciendo y escribiéndote cada carta con el más puro sentimiento, mostrándote que la existencia es una suma de momentos y que, en su más pura esencia, nos exige ser felices.

Por mi parte, seguiré esperando mi momento para abrazar a tu abuela y llenarme de nietos. Para dedicarme en cuerpo y alma a este mar de sentimientos que me abrazan y me llenan de recuerdos.

En definitiva, querido nieto, la soledad te deja consejos. Soy muestra de ello. Nos prepara para lo que nos queda enfrentar.

Sé joven, pero a la vez sé viejo. No le temas a la soledad. No sientas pena por tu abuelo. Cuando esto suceda, quiero que pienses en este sabio texto del escritor colombiano Gabriel García Márquez, que seguramente compartiremos en algún momento y que recordarás cuando ya seas mayor: "El secreto de una buena vejez no es otra cosa que un pacto honrado con la soledad".

TE EXTRAÑO

Querido nieto:

Hoy te escribo desde el aeropuerto. Voy de regreso a Venezuela, luego de pasarme unos días de descanso con tu abuela Luisa. Me hacía mucha falta esta semana. Llevaba meses sin verla. Necesitaba su abrazo.

Para ser exactos, mi último viaje coincidió con tu nacimiento, hace seis meses con exactitud. Como supondrás, es mucho tiempo para tu abuelito, cansado de vivir en soledad.

Fueron tan solo siete días, que culminaron con un fin de semana en una isla llamada Guilligan, al sur de Puerto Rico y a un par de horas de San Juan.

Pasamos un bonito fin de semana, con mucho sol y muchas risas. El lugar era espectacular, con una vista del mar Caribe que con seguridad disfrutarás algún día y que te hará recordar esta carta.

Lo disfruté muchísimo, más de lo esperado. Quizás este comentario te sorprenda, pero debo decirte que nos acostumbramos muy rápido a la soledad y a veces hasta la extrañamos. El ser humano es complejo, querido nieto. Por ello debemos estar en constante movimiento y no dejarnos dominar por la rutina. Este fin de semana fue precisamente para ello.

La señal de los teléfonos era casi nula y por esa razón no tuvimos el contacto diario al que tu madre me tiene acostumbrado. Además, coincidió con un viaje a Lima que tus padres y tú hicieron para asistir al matrimonio de uno de sus mejores amigos. Este cruce de viajes me privó de esos momentos de felicidad que me regalas a diario con tu contacto.

Me has hecho falta, querido nieto. No imaginas cuánta. Me hace falta contemplar esa sonrisa pícara que se dibuja en tu rostro cuando conversamos o pretendo que conversamos. Me hace falta ver tus esfuerzos, algunos exitosos, por tocar el teléfono móvil de tu mamá. Me hace falta verte gatear en busca del iPad que tu madre coloca en el piso alejado de ti, como buscando ese contacto con tu abuelo. Me hace falta ver tu cara de felicidad cuando estás en brazos de tu madre o ante la llegada de tu padre. Me hace falta ver tu cara de asombro o de curiosidad cuando tu abuelo te habla y sonríe en respuesta a tu gesto. Me sigues haciendo falta, pues ayer el contacto a nuestra llegada de la playa fue muy corto para el vacío tan grande que encierra mi alma. Me seguirás haciendo falta cada día que no pase a tu lado. Cada momento de tu vida en que no esté presente. Al pensar en cada abrazo que nos niegue la distancia.

Hoy coincide mi viaje de regreso con el comienzo de una nueva etapa para ti, en una guardería. Ya puedo imaginar tu cara de asombro al ver tantos niños juntos. Puedo imaginarte correteando, más bien gateando, solo usando tus brazos, en los espacios destinados para ello.

Espero el avión de regreso a casa y no dejo de imaginar tu sonrisa, hechizando a todas las maestras que te cuidan, repartiendo con ella la misma felicidad que me regalas en cada contacto. La misma que se instaló en ese infinito rincón de mi alma donde solo el silencio habla. En ese rincón donde la oscuridad cedió su lugar a la luz que emanas. En ese rincón de mi espíritu donde los años de vida suman y tu llegada los multiplica.

En definitiva, querido nieto, aquí estoy vibrando con cada recuerdo y con cada emoción reprimida. Anhelando nuestro próximo encuentro y contando los días para abrazarte de nuevo.

Te extraño, querido nieto. Extrañarte no me hace daño, más bien me fortalece y alimenta mis ganas de procurar un próximo encuentro.

Te extraño, querido nieto. Te extraño siempre.

¿QUIÉN EMPACA TU PARACAÍDAS?

Hoy te escribo esta carta después de pasar un largo día a solas. Desperté tarde. Lo merecía, luego de una pesada semana de trabajo.

Fui de compras, luego a caminar y, a mi regreso, además de atender los quehaceres del hogar, encontré tiempo para leer algunas historias curiosas, una de las cuales me gustaría compartir contigo.

La historia trata de un piloto estadounidense llamado Charles Plumb, cuyo avión fue derribado por un misil en una de las tantas misiones en las que participó durante la guerra de Vietnam. Sin embargo, de manera casi milagrosa, el capitán Plumb salvó su vida al lanzarse en paracaídas, aunque luego fue capturado por las fuerzas enemigas y pasó seis años como prisionero de guerra de los norvietnamitas.

A su regreso a los Estados Unidos, se dedicó a dar conferencias relatando sus experiencias y todo el aprendizaje que indefectiblemente le había dejado tamaña vivencia.

En uno de sus tantos viajes, el capitán Plumb se encontraba en un restaurante y fue abordado por un hombre que lo identificó y le preguntó: "Usted es el capitán Plumb y lo derribaron en Vietnam, ¿cierto?".

El capitán, sorprendido, regresó la pregunta dirigiéndose a aquel desconocido: "¿Y usted cómo sabe eso?". La respuesta fue impactante para el capitán, tanto así que cambió por completo el enfoque de sus conferencias al oírle contestar: "¡Porque yo empacaba su paracaídas! Parece que funcionó bien, ¿verdad?".

Ese momento marcó al capitán Plumb de tal forma que no cesó de cuestionarse acerca de la cantidad de veces que había visto a ese hombre en el portaviones y nunca le había dado los buenos días, mostrándose arrogante con un humilde marinero que, a la postre, con su trabajo, le había salvado la vida.

Una historia increíble que nos regala el verdadero valor de la humildad y su importancia.

Para mí, es un valor fundamental en el camino de la vida, personal y profesional.

La humildad, como virtud, resalta tus cualidades y capacidades, siendo la más importante cómo terminas influyendo en los demás.

Cuando eres humilde, reflejas un manto de paz y confianza que es muy apreciado por los equipos a los que gestionas, se genera una empatía automática y la identificación plena de todos para alcanzar los objetivos propuestos.

Cuando eres humilde, aceptas tus propias limitaciones y te haces más consciente de tus fortalezas y debilidades.

Cuando eres humilde, reconoces el valor de los colegas y amigos en los éxitos y logros, y eso te da un valor especial, pues te prepara para amortiguar el dolor ante un posible fracaso.

Cuando eres humilde, no sientes miedo a equivocarte, te vuelves más humano y, con ello, estás mejor dispuesto para el aprendizaje.

Cuando eres humilde, aceptas con gallardía las derrotas que te propina la vida y no te dejas vencer por la tristeza o la rabia. Más bien, la humildad te enseña la importancia del respeto por el otro y te alienta a esforzarte más en el futuro.

Cuando eres humilde, reconoces el valor de los demás de manera natural y sumas gente buena a tu existencia. No te olvides, querido nieto, de que unas veces somos vencedores y otras vencidos. De allí la importancia de tener a mano el apoyo de otras personas.

Cuando eres humilde, estás dispuesto a perdonar y a ceder, pues no siempre se tiene la razón en todo lo que se hace, por más experimentado que se sea en ciertas áreas. Por ello, es importante que aprendas a encontrar el momento más sensato para reconocer el valor del otro.

Por último, cuando eres humilde, descubres la magia que tiene el saber escuchar. Esto último te regala la clave para conocer con mayor profundidad a los seres humanos, creando así un nexo especial que difícilmente se quebrará en los momentos duros que debas enfrentar. Cuando escuchas, desarrollas la capacidad de conocer mejor a las personas y, en consecuencia, un mejor control del equipo y de las decisiones. Como dice un refrán cheroqui: "Escucha el susurro y nunca tendrás que escuchar los gritos".

A pesar de todo lo que expreso en esta carta, algunas veces he sido criticado por mis pares por el trato de humildad y confianza que regalo a mis colaboradores. Y aunque debo aceptar que en algunas oportunidades esto puede constituir un arma de doble filo, ese nexo de confianza me ha permitido liderar equipos motivados y fortalecer el capital emocional en la firma que represento.

Ser humilde, don heredado de mi padre, tu bisabuelo Carlos, me ha reportado inmensas satisfacciones.

Debes tener presente, querido nieto, que estamos rodeados de seres cuya labor es primordial para el logro de nuestros objetivos individuales.

Si no eres humilde, te costará reconocer la importancia del trabajo en equipo y el valor infinito que tiene cada componente. Recuerda siempre y memoriza este dicho: "Si caminas solo irás más rápido, pero si caminas acompañado llegarás más lejos".

Esta, entre muchas, es una de las claves del éxito. Sé humilde, querido nieto, y con ello regalarás a los involucrados esa dosis de confianza que puede cambiar muchas vidas sin darte cuenta.

Actúa siempre con firmeza, pero sin arrogancia. *Con pasión, pero sin exceso de confianza.*

Recuerda siempre que, en definitiva, siempre habrá un alguien que, a diario y a lo largo de tu existencia, empaque tu paracaídas.

MI PRIMERA DECEPCIÓN

Prometí contarte la historia de mi primera gran decepción, lastimosamente en el amor.

Coincidió con mi primer año en la universidad. Fue algo muy duro, más aún cuando era impensable para mí que me pudiera suceder con mi primera novia, Beatriz Carolina.

Éramos muy jóvenes, teníamos casi cuatro años de noviazgo apasionado, de esos noviazgos peligrosos para los padres, que cuidan y protegen a sus hijas de cualquier impostor que les pueda hacer daño. Yo era ese impostor, ese que robaba la atención de una niña a su padre.

Ellos no podían entender ese caudal de emociones que ambos sentíamos legítimamente. Aquello era desbordante, un mar de sentimientos. Yo aspiraba a que ella fuera el amor de mi vida.

A pesar de todo cuanto te describo, un día cualquiera, a su regreso de unas largas vacaciones navideñas, me manifestó que todo había terminado, que me quería como un amigo.

No podía entender semejante revelación después de tantos años juntos y de tanto amor. Pero así fue, y luego de ese episodio tu abuelo no volvió a ser el mismo.

Perdí un año entero buscando la razón de lo sucedido, el mismo año que perdí en la universidad.

Este episodio me perturbó demasiado, querido nieto. Lloré como nunca. No entendía nada. A esa edad es difícil entender, en su justa medida, las cosas que nos suceden. Estaba enamorado. Ella estaba enamorada, al menos así lo creía. Quizás había mucho sentimiento mezclado con mucha juventud y eso motivó la conducta de sus padres, quienes intervinieron en muchas situaciones para limitar nuestros contactos.

Vinieron los castigos, negar las salidas a fiestas… en fin, entorpecer cualquier contacto que sugiriera un acercamiento con tu abuelo enamorado.

Aquella situación le hizo mella, al ver limitado su disfrute. Sus padres, conscientes del ímpetu de dos jóvenes enamorados, optaron por lo que consideraron la mejor decisión para su hija: manipular la situación a favor de sus deseos, no de los nuestros, y desgastar la relación.

Esta afirmación la hago con la experiencia que hoy me dan los años. Ahora entiendo el punto de vista de sus padres, aunque insisto en que ellos no podían medir la fuerza ni la verdad de mis sentimientos.

Como ya te mencioné, aquello fue muy duro para mí, tanto así que perdí un año de estudios. Fue extremadamente difícil recuperarme, pero con el tiempo se supera. Bien dicen que el tiempo te da las respuestas que buscas, o bien ya no las necesitas. Doy fe de esta afirmación. Pero, al igual que tantas veces te he señalado, el dolor te deja aprendizajes profundos que te preparan para la vida.

Todo este episodio generó alarma en mis padres. Recuerdo una conversación con tu bisabuelo Carlos, quien se acercó a mí en una conversación privada para aconsejarme acerca de lo sucedido e indagar en relación con mis planes de estudio. Para ese momento, yo ya estaba decidido a cambiar y a retomar el rumbo de mi corta existencia. El encuentro duró muy poco tiempo después de mi respuesta: "Papá, yo estoy bien. No te preocupes. Voy a retomar mis estudios y no me aplazarán más".

De ella supe muy poco. Sin embargo recuerdo, a varios meses de mi decisión, un acercamiento que tuvo, en el cual se mostró reflexiva acerca de lo sucedido y me manifestó la falta que le había hecho, invitándome a retomar el noviazgo. Pero ya tu abuelo estaba acostumbrado a vivir con el dolor y no cedió a la tentación de regresar con la mujer que le había negado su cariño y provocado su primera gran decepción.

Durante los meses y años posteriores, tu abuelo vivió relajado, sin compromisos y con varias amigas a las que no prodigó aquel amor pleno que se quedó desperdigado en el camino de su primera decepción. Disfruté aquella etapa, era distinta. Sin embargo, debo decirte que nunca mentí a esas amigas acerca de mis intenciones y sentimientos. El engaño en estas lides es perverso y daña a muchos corazones, querido nieto.

Años después, con la madurez de mi experiencia, llegó a mi vida tu abuela Luisa. Con su llegada, volví a creer en el amor verdadero y comprendí que existen otros niveles de amor, que el amor eterno existe.

Hoy, con mis años a cuestas, te escribo esta historia desde el visor de la experiencia. Con certeza pasarás por momentos de profunda tristeza, pero siempre se presentará alguien que te ame y acompañe a recorrer la misma senda que hoy recorren tus padres y que ya hemos recorrido tus abuelos: ¡el camino del amor eterno!

Recuerda siempre que después de la tormenta viene la calma y que las situaciones adversas las debemos aceptar con coraje. No te digo que no te pongas triste, pero sí que limites tu tristeza aceptando lo sucedido. Hay situaciones que se nos escapan y no podemos controlar lo que otras personas sientan o dejen de sentir.

Cuando amas, recibes amor en la misma medida. Si esto no sucede, te será muy fácil predecir que tu pareja ideal no ha llegado.

Sé consciente de que en el amor se puede ganar y perder. Que nuestra única opción es no forzar nada y que en definitiva, querido nieto, sabrás instantáneamente cuando te llegue el amor verdadero.

SUMANDO AÑOS A MI VIDA

Hoy te escribo desde Panamá. Sí, desde Panamá. Un afortunado viaje de trabajo me ha traído la dicha de tenerte en mis brazos de nuevo. ¡Qué bendición tenerte tan cerca! No ha sido sencillo verte crecer tan rápido en la distancia. No es fácil para un abuelo perderse tus primeros intentos de gateo, tu sonrisa mañanera, tu inocencia, que regala vida.

Ya por esta fecha tienes casi siete meses y no te imaginas cuánto has crecido. Unos pocos meses después de mi última visita y me encuentro con un niño distinto.

Pero ahora estoy a tu lado y disfruto cada sonrisa, cada gesto, cada mirada que me regalas y que multiplica la paz en mi alma.

Debo confesarte que imaginé muchas veces tu reacción al verme de cerca, luego de tantos meses conociéndonos por la magia del FaceTime. Que vieras la cara de tu abuelo y descubrieras que soy de verdad, no un aparato electrónico, específicamente un iPhone.

No me equivoqué en mis predicciones. Nuestro encuentro, algo accidentado, inundó mi ser de sonrisas y apagó cada una de mis dudas. Nadie puede imaginar la fuerza que me regala tu existencia.

Ese momento quedó grabado en un video que espero conservar el tiempo suficiente y me permita mostrártelo en persona. Desde ahora pido al Creador que llegue ese día. En todo caso, te confieso que lo he visto tantas veces que puedo relatarlo con detalles. Un momento que, decreto, quedará grabado en mi memoria más profunda, aquella que no alcanza nadie.

Te imaginé en brazos de tu madre esperando mi salida de Inmigración. Sin embargo, estabas dormido en el carro. Cuando llegamos al hotel para dejar a mi compañera de trabajo, a mi regreso, noté que te habías despertado.

Mi primera reacción al saber que me verías fue sorprenderte. No obstante, con aquellas ganas de abrazarte, me acerqué a la puerta del carro, del lado donde estabas, y con precaución abrí la puerta que nos separaba.

Tu mirada inocente se cruzó con la mía y mi voz te regaló un: "¡Hola, Mati, abuelito no es un iPhone!".

Estabas recién despierto. Tu cara era una mezcla de asombro, inocencia y ternura. Me mirabas fijamente, como quien mira a un héroe que se vuelve real, y esbozaste una media sonrisa que se tatuó en mi alma, decretando el inicio de una semana maravillosa a tu lado. ¿Cómo no sentir semejante sensación ante la inocencia y pureza de tu mirada? Fue así. Solo unos minutos, que adornaste con una mirada disimulada a tu madre, como pidiendo aprobación para compartir una alegría distinta a la que regalas a tus padres a diario.

Hoy te escribo y todavía esa sensación de paz persiste. Esa sensación de que soy y seré parte importante de ti me da vida y la disfruto a plenitud día a día. Me empuja a abrazar con pasión la existencia. Con felicidad a pesar de las tristezas.

Con esperanza a pesar de las dificultades. Con la mirada en el futuro, pero anclado en este momento sublime que vivo con todos mis sentidos. Aquí y ahora, contigo, querido nieto.

Mis primeros intentos de que te lanzaras a mis brazos fueron fallidos, pero en tu mirada pícara había un "te quiero, abuelito" pintado. O al menos así lo sentía. Sin embargo, el contacto diario, mis abrazos y besos, la versión divertida de tu canción infantil preferida que te improvisaba a diario me hicieron merecedor de ese primer lance.

Te cuento que cada mañana, muy temprano, tu madre te dejaba en mi cama. Ambos, casi dormidos, comenzábamos el día jugando. Tú buscando el control de la TV y yo buscando tu abrazo. Tú gateando, escapando de mi acoso y yo halándote para que regresaras a mi lado. Luego los paseos diarios a la cocina contigo en mis brazos, haciendo el café, mostrándote la nevera, las calles, anunciándote cada acción para que memorizaras el tono de mi voz.

Esa rutina fue rota una madrugada, cuando tus padres te llevaron de emergencia a la clínica. Pasaste una mala noche, con tos prolongada. Lógicamente hubo preocupación pero, a tu regreso, tu sonrisa lo compensó todo.

Te acompañé a la guardería, te di de comer, te bañé, te vestí, te acompañé en tu alfombra de juegos, te abracé de todas las formas posibles y fuiste el destino predilecto de todo este caudal de emociones y sentimientos que se despiertan cuando estás a mi lado.

Hoy, a pocos días de mi regreso, la sensación de paz y alegría que me embarga solo tiene una explicación: tu cariño y tu sonrisa cómplice, que va creando un nexo que permanecerá en ese tiempo que perdura siempre.

Todavía no lo comprendes, eres muy pequeño y apenas comienzas la vida. Tendrás que vivirlo cuando te toque, y tal vez así podrás comprenderme.

Al momento de finalizar esta carta, ya estoy de regreso a la soledad de mi hogar. Me invade una paz absoluta y el ánimo está por los cielos. El disfrute de este tiempo contigo ha sido un bálsamo de alegría que crece y me da energía. Me llena de amor. Sí, de amor, la más poderosa de las emociones.

En definitiva, querido nieto, te doy las gracias porque, aun sin saberlo, con la inocencia que envuelve tus escasos meses, has regalado años a mi existencia y sumado momentos inolvidables que quedarán sembrados por siempre en mi alma, desgastada de tanto extrañar.

TERRORISMO SIN BOMBAS

En nuestra sociedad actual —y diría en todas las sociedades—, las quejas están a la orden del día. Quejarse es muy fácil, ya que quienes lo hacen simplemente eluden sus responsabilidades. Es mucho más cómodo echarle la culpa al otro y escudarse en algo o alguien que hacerse cargo de lo que está pasando y esforzarse por cambiarlo.

Quejarse es perverso, querido nieto. Quejarse es un acto de terrorismo, como bien expresó el papa Francisco en una oportunidad frente a un grupo de periodistas.

Quien se queja y critica a los demás lo hace a escondidas y esparce su veneno en palabras para perjudicar, bien a individuos o a instituciones. Esto tiene similitud con un acto terrorista, ya que, cuando este se comete, es protagonizado por bombas o artefactos explosivos que se colocan a oscuras.

Quejarse es un acto infame, no así expresar nuestra opinión.

En mí día a día, recibo muchas quejas, incluso de personas maduras que parecen estar ancladas en el camino del no crecimiento, y aquí está la clave de lo que en esta carta intentaré explicarte.

Debes acostumbrarte a expresar tus ideas e inconformidades, con respeto, a tus superiores, no como un acto de desobediencia en sí mismo, sino en la búsqueda de mejoras en el entorno en el que te encuentres y acompañando tu opinión con una idea o aporte que ayude corregir esa situación que, según tu percepción, está afectando tu rendimiento individual o el grupal.

Sé protagonista de los cambios y comprométete con la misma pasión que te observo cuando te trepas en los muebles, aun sin haber dado tu primer paso.

Debo admitir que, en el entorno actual —el venezolano en especial—, estamos repletos de situaciones adversas que nos desvían del disfrute pleno de las maravillas que nos regala la vida. Entiendo además que, particularmente para los jóvenes, estas situaciones los afectan de tal manera que minan su esperanza de crecimiento y que muchos de ellos se han convertido en cabezas de hogar, al tener que bregar no solo con la economía de la familia, sino también con las enfermedades de los padres, lo que los aleja del disfrute propio de las bondades que nos regala la juventud.

En la firma que dirijo he conocido muchos casos como el que describo y mi discurso ante esto —a pesar de lo dura y dramática que pueda ser la situación— siempre es el mismo y lo quiero compartir contigo.

Como tantas veces te he dicho, querido nieto, ponerse triste está bien. Lo que no está bien es estar triste siempre. Que te afecte alguna situación adversa o dramática es comprensible, pero los esfuerzos por cambiar el clima de tu discurso interior deben estar presentes siempre. Separar las desilusiones y los problemas de tu vida personal del entorno laboral es complicado, pero a la vez es tarea obligada. En este punto, cuando esto te suceda, te pido evocar esta consigna que me dejó un psicólogo y que la he hecho mía desde aquel momento: "¡Es más fácil ser feliz que no serlo!".

Esta frase, en sí misma, emana optimismo. Si vives bajo este eslogan o premisa, cuando te entristezcas por algún motivo o decepción, vas a reaccionar y no te quejarás. Vas a aceptar y te prepararás para corregir y volver a empezar. Y cuando todo se encamine, te estarás conduciendo por el camino del éxito.

Para tenerlo, primero hay que ser feliz y no al revés. No se es feliz cuando se logra el éxito, este se construye desde adentro.

Mucho se habla de la felicidad, y ya hemos conversado acerca de su secreto: reducir el margen que hay entre tus expectativas y metas y tu realidad. Ello dependerá de que elijas bien tus objetivos, de que seas realista, de que puedas medirlos de tiempo en tiempo, de que mantengas una referencia que te motive y te permita vivir el proceso en toda su extensión.

Cuando eliges bien las metas y las trabajas, te alejas de las excusas y quejas, y con ello, querido nieto, el éxito estará bordado en tu destino.

No te alejes de ese camino y enfrenta cada reto que se te presente con el compromiso de ser feliz para, en consecuencia, disfrutar del éxito alcanzado.

Las tristezas y decepciones siempre rondarán tu vida, pero debes enfrentarlas con disciplina, entendiendo que cada día es una nueva oportunidad para crecer.

La mente es muy potente y nos empuja a quedarnos enganchados en situaciones adversas, pero también es poderosa cuando la obligamos a anclarse en las nuevas posibilidades y en los aspectos positivos.

En definitiva, querido nieto, las situaciones difíciles existen pero, en la mayoría de los casos, tienen solución. La solución no es quejarse ni quedarse paralizado ante el embate de la tristeza. Estar triste no es una opción, al menos estar triste siempre.

Cuando eso suceda, recuerda a tu abuelo con cariño y repite de forma incansable:

¡Ser feliz es más fácil que no serlo!

HAZ EL BIEN Y PIENSA BIEN

Te parecerá extraño el motivo de esta carta, pero recién he terminado de leer un pequeño libro que explora un tema muy polémico: la vida después de la muerte.

Ya imagino, a tu corta edad, tu cara de asombro ante el anuncio del motivo de esta carta. No he parado de sonreír. Ahora bien, el tema es que hay abundantes evidencias de que existe vida después de la muerte física en la Tierra.

El autor describe de forma precisa el resultado de sus investigaciones y detalla los contactos y enseñanzas que ha recibido de seres de luz que yacen en otro plano de la existencia.

Puede resultar confuso para ti leer semejante afirmación. No obstante, lo que deseo resaltar no es el proceso que ocurre cuando morimos ni la aventura posterior del alma; más bien enfatizar lo que en muchas de mis cartas te he manifestado: la importancia del pensamiento positivo.

Te estarás preguntando: "¿Qué tienen que ver la muerte y la aventura del alma con el pensamiento positivo?". Aquí te explico, mientras no dejo de sonreír.

En uno de los capítulos del libro, el autor aclara algunas interrogantes con base en sus investigaciones, una de ellas relacionada con el destino. Específicamente, si el destino de cada uno de nosotros está escrito y si puede o no ser modificado por nuestras acciones.

La respuesta a esta interrogante ha sido bastante curiosa para mí y me da razones para compartirla contigo, querido nieto.

El autor explica que, si bien todos venimos a este plano con una guía o misión escrita, que nos hará evolucionar y corregir nuestros errores de vidas pasadas, este destino puede ser modificado obrando bien y practicando el pensamiento positivo. Y es precisamente en esto en lo que me quiero enfocar. Quiero reiterarte que hacer el bien y mantener tu discurso interior en un ambiente de paz y tranquilidad te reportará felicidad. Te abrirá las puertas a una existencia llevadera y de éxito personal y espiritual.

Esa es la clave, querido nieto: ser positivo a pesar de las injusticias de la vida. Ser positivo a pesar de las tristezas. Por más trágica que sea una situación, algún día cambiará. No hay otro pronóstico posible. No vivas cuestionándola, solo vívela y aprovecha al máximo cada día de aprendizaje. Esto mantendrá tu equilibrio interno.

Debes estar atento a las señales negativas y no darles cabida, querido nieto. Aleja lo negativo de tu entorno: un mal empleo, empleadores sin valores y poco éticos, individuos tóxicos y envidiosos.

Alinea tu vida a los valores inculcados por tus padres. Aleja de ti todo lo negativo con el mismo entusiasmo que muestras en cada acto inocente de tu corta existencia.

Cultiva tu paz interior y vive apegado a estos principios que, en definitiva, podrás valorar con absoluta convicción cuando alcances mi edad:

- La vida muchas veces es injusta, pero así y todo es maravillosa.
- La vida es demasiado corta para perder nuestro tiempo lamentándonos.
- Elimina todo aquello que no sea útil o alegre.
- Nadie es responsable de tu felicidad, solo tú.

Abraza la sonrisa en el camino de tu existencia, como lo haces a diario en tus primeros meses. Que no se te olvide sonreír. Que la sonrisa sea tu sello personal y que inunde tu ser y el de muchos, de tal manera que el único destino posible sea tu felicidad.

EL TIEMPO ES HOY

Hoy, 2 de diciembre, te escribo esta carta, que coincide con el inicio del llamado mes más bonito y esperado del año.

Es el mes en el cual compartimos los éxitos alcanzados, cuando nos juntamos con nuestras familias y amigos, cuando profundizamos las muestras de cariño para con quienes amamos, cuando cada detalle nos regala una alegría, cuando ocultamos las tristezas y miramos el mundo con entusiasmo y cuando los abrazos se multiplican.

Son momentos de unión más que de abandono, momentos en los cuales intentamos recuperar el tiempo no compartido con nuestros seres queridos —por cualquier razón— durante la mayor parte del año.

Y es esto lo que precisamente deseo resaltar en esta carta: la importancia del disfrute de las oportunidades que nos regala la existencia en el momento presente. Del disfrute de ese tiempo con tus seres queridos que cada ocasión brinde y el no dejarlo para más adelante. *Los momentos, querido nieto, se construyen día a día.*

Es tanto lo que la vida nos brinda a diario que debes ser muy cuidadoso en valorar el aprendizaje que con seguridad te dejarán las lecciones que nos regala lo que hemos vivido. Dicen —con razón— que el tiempo ofrece las respuestas a situaciones pasadas, o bien esas respuestas no se necesitan. Expresado de otra forma, el tiempo sana las heridas del pasado.

Por ello, querido nieto, quiero insistir hoy en esta máxima: el momento para disfrutar a plenitud de tu esencia, el momento para compartir tus alegrías y —por qué no decirlo— también las tristezas, para decir un "te quiero", un "te extraño" es hoy. No es mañana. No es el día del cumpleaños, el bautizo o la graduación. No. El momento y el tiempo exacto siempre es hoy. No lo dejes para después, pues lastimosamente la vida es caprichosa y puede sorprendernos.

El tiempo también nos regala conocimiento. Ese que se almacena con los aprendizajes, con la educación familiar, con la educación colegial y universitaria. Ese que se moldea con cada experiencia que se presenta a lo largo de la existencia.

Sin embargo te pido, querido nieto, que no te quedes solo con eso. El conocimiento está bien, pero todos —o la mayoría de la sociedad— tienen acceso a él. Lo que en realidad te hace diferente es cómo aplicarlo y —lo que es aún más contundente— que adquieras sabiduría.

El conocimiento y los estudios, en definitiva, te hacen más culto. Pero recordar no es saber, como bien menciona el filósofo hindú Osho en uno de sus tantos libros. Agrega, además, que "el conocimiento no afina tu inteligencia, solo te hace lo suficientemente listo como para recordar cosas. Recordar no es saber. El conocimiento solo se logra a través de la meditación".

Y yo concuerdo con esta afirmación, querido nieto. La meditación se encarga de vaciarte de toda la basura acumulada a través de los años, de todo lo inculcado, y te regresa a la tranquilidad de esos tiempos de la niñez, lo que abre en tu mente el espacio suficiente para ir más allá, para penetrar en lo más profundo de tu ser, algo que de forma irremediable te hará más sabio.

Construye tu sabiduría cada día. No dejes que el tiempo borre tus vivencias y te limite la posibilidad de compartirlas con tu descendencia, así como lo hago yo contigo.

Si haces tuyo el lema "El tiempo es hoy", la felicidad estará presente siempre, aun cuando el corazón lo tengas triste. Cuando entiendes que el tiempo es hoy, repartes sonrisas, esas que —al momento de escribirte esta carta— constituyen tu esencia. El poder de una sonrisa es tan grande como las palabras. Cuando sonríes, regalas alegría. Más aún: sonreír tiene el poder de iniciar una amistad o de pintarle el día de colores a alguien que lo necesita con desesperación. Con una sonrisa no necesitas utilizar las palabras para perdonar. La sonrisa habla por sí misma. Sonreír te hace fuerte y muchas veces te impide o evita que puedas gritar.

Lo que intento destacar, querido nieto, es que el tiempo es hoy y que los momentos no se planifican: se viven con intensidad, sin miedos, sin rencores, sin protecciones. Se viven con ánimo, con pasión, apostando toda nuestra esencia.

Ama, abraza, sonríe y vive cada instante de tu vida como si fuera el último. Como tantas veces te he dicho, esa es la clave. No me importa llegar a ser repetitivo en esto e insisto: quiero que crezcas conociendo todas tus posibilidades. Yo siento la obligación de comunicártelas.

En el mundo hay mucha ignorancia y yo quiero regalarte —en los años que me resten y a través de estas cartas— un compendio de mis experiencias, para que las tomes como referencia y te animes a explorar las tuyas pues, lastimosamente, tendrás que vivir las buenas y las malas.

En definitiva, querido nieto, como dijo en algún momento el fallecido cantante inglés John Lennon: "La vida es lo que pasa mientras estamos ocupados haciendo otros planes".

Así que te reitero: vívela, disfruta el hoy y abrázala con todas tus fuerzas, con la convicción del único destino que la existencia te tiene reservado: ¡ser feliz!

NO TODOS LOS DÍAS SON IGUALES

Hoy ha sido un día triste, querido nieto. De esos que muerden el alma.

Se juntaron varios ingredientes: el cumpleaños a distancia de tu tía Daniela, las sombras que rodean la casa, el grito de mi corazón reclamando compañía y la desazón que sentimos cuando la vida nos castiga incluso estando en unión de nuestros familiares. Y agrego que, al final del día, tu tía Cristina fue atendida en un hospital para tratarse una herida en una pierna.

La ansiedad también está presente, no lo niego. A pocos días de mi viaje para compartir tu primera Navidad, los pensamientos se aceleran y me transportan a ese lugar, volviéndome ausente en cada sitio o acto en que me toque estar presente.

Esto último es un factor determinante. La ansiedad nos aleja del aquí y el ahora y nos deja a merced de situaciones adversas. Es muy triste sentirse solo aun cuando se está acompañado. Cuando nos hablan pero las ganas de conversar están en otro lado. Cuando, en general, nos sentimos decepcionados.

Estoy consciente de que muchas veces te he repetido que debemos mantener nuestro discurso interior en un ambiente positivo. Sin embargo, debo alertarte que no te confíes, pues cuando menos lo piensas se desatan episodios que causan dolor y despiertan los fantasmas que esconde el alma.

Cuando esto te suceda, no hay mayor secreto, querido nieto. Debes camuflar el dolor y aguantar con valentía el torrente de emociones que se desbordan y quiebran tus alegrías.

Los barcos no se hunden por el agua que los rodea, sí por el agua que se cuela y entra en sus espacios. Por lo tanto, no permitas que el dolor inunde tu ser durante mucho tiempo. Acéptalo. Medita acerca de qué sucede y revierte tu frustración por el momento vivido.

Comparte tu tristeza con quienes sean importantes para ti: tu pareja, amigos o amigas; siempre te darán una palabra de aliento que te devolverá la confianza.

Siempre he creído que un proceso doloroso o alguna decepción nos van limpiando el alma y, de esta manera, nos colocan en una mejor posición ante el futuro, lo que, en definitiva, es lo que más importa.

Lo sucedido nos afecta y muchas veces nos sorprende. Pero nos ocurre, incluso con personas cercanas a nuestra vida. Eso duele más. Sin embargo, debemos mirar estos episodios de la misma forma que todos los demás: apreciar la vivencia, vestirnos de coraje, levantar el ánimo al siguiente día, agradecer las experiencias, el nuevo aprendizaje y el reinicio que prepara nuestro espíritu para entregarnos a nuevos momentos.

Yo me preparo para entregar la mía a ustedes, *mi familia*, en los próximos días. Esa familia que tu abuela Luisa y yo hemos construido pacientemente, con amor, con sacrificios, y que hoy es un ejemplo para muchas, al recibir tantas bendiciones. Esa familia, de la cual eres el más reciente integrante, y a la que llegaste para regalarnos el mensaje de unión más sublime, ese que sana las cicatrices que nos va dejando nuestro tránsito por la existencia.

En definitiva, querido nieto, no todos los días son iguales. De allí lo maravilloso de la vida.

Aprende a soportar el dolor que te dejan los desencuentros, déjalos que fluyan y enfoca tus energías en lo que está por venir, no en la lucha por entender lo sucedido.

Aparta los sentimientos que te transmiten los acontecimientos del pasado y disfruta a plenitud cada momento especial y las alegrías que, con toda seguridad, encontrarás a lo largo del camino.

BENDITA NAVIDAD

Querido nieto:

Hoy te escribo desde la tristeza. Después de unos días contigo, hoy regresas a Panamá para seguir con tu rutina. Es lógico que me sienta triste, pues pasamos diez hermosos días en Puerto Rico plenos de sonrisas, besos y abrazos. Era tu primera Navidad y tuvimos el privilegio de tenerte con nosotros.

Debo comentarte que creía estar preparado mentalmente para una nueva despedida, pero uno no manda sobre lo que siente. Cuando comenzamos a extrañar, la tristeza se cuela por un rincón del alma y se nos queda pegada. No hubo despedida: estabas dormido cuando te dejamos en el aeropuerto. Pero ello no fue impedimento para dejarte mi abrazo y mi "te quiero". Días antes, tu tía Daniela nos había dejado un gran vacío al momento de su temprano retorno a Las Vegas, donde reside en la actualidad, para cumplir con sus compromisos de trabajo.

No obstante, te confieso que me siento bendecido y agradecido por haber tenido a toda la familia reunida, aunque haya sido por poco tiempo. Valoro profundamente el esfuerzo de tus padres, y de tus tíos César y Daniela, de venir desde tan lejos para compartir durante unos pocos días.

Las despedidas siempre nos dejan algo de tristeza pero, en este caso, como ya te mencioné, me siento agradecido por cada uno de los momentos vividos y compartidos.

Te escribo desde la tristeza, sí, pero lo más importante es que atesoro y me quedo con el recuerdo de tu sonrisa y de tu abrazo el día de mi llegada, con el gesto de tu mirada cómplice cuando te lanzabas en busca de mis brazos, con la calidez de tu inocencia cuando nos quitabas horas de sueño a tu abuela Luisa y a mí desde el momento en que tu madre te dejaba bien temprano en nuestra habitación, con el rostro complacido de tu abuela Luisa y tus carcajadas en respuesta a sus maldades, con tu gesto de rechazo a nuevos sabores, con tu cara de susto cuando te acercaba al póster de Santa Claus —que te recordaba el mal rato que en días previos habías pasado en la guardería—, con tu postura en el gateo —que pronostica que podrás caminar en poco tiempo—, con tu mirada fija y profunda sobre todo aquello que fuera desconocido para ti. En definitiva, con toda la ternura que transmites cada minuto de tus escasos ocho meses.

No puedo dejar de contarte que tus padres, aprovechando la reunión de la familia, decidieron bautizarte. El acto tuvo lugar el sábado 22 de diciembre y fue una ceremonia corta y sencilla en la capilla de la urbanización Santa Clara, donde reside tu tía abuela Ampy. Era la segunda celebración importante de esos días, pues el 17 de ese mismo mes estuvimos de aniversario tu abuela Luisa y yo, pues celebramos nuestros primeros treinta años de casados.

Durante la celebración del sacramento, la capilla estuvo libre para nosotros, pues estas ceremonias se realizan antes de la misa programada. El padre pronunció unas palabras relativas al sentido del bautismo —sencillas, pero profundas a la vez—, poniendo énfasis en la importancia de vivir y de hacer las cosas con amor.

Fue en extremo gracioso presenciar el momento en el cual el padre vertió el agua sobre tu cabeza, ejecutando el ritual más significativo de la ceremonia. Lo recuerdo y aún sonrío, ya que, al sentir el agua correr sobre tu rostro, tu primera reacción fue sacar la lengua para beberla. Todos los presentes reímos y disfrutamos de ese momento tan especial que nos regaló tu inocencia con ocasión de tu bautizo.

Posteriormente, compartimos una parrillada en familia, acompañados de algunos amigos que tenemos en Puerto Rico. Fue una celebración sencilla pero especial, con un aura de felicidad que, confieso, desde hacía tiempo no sentía con tanta plenitud.

Esta celebración me conectó con la esencia de la felicidad plena y me confirmó que tal plenitud surge cuando todos nuestros sentidos están en armonía cada momento.

He pasado por alto comentarte acerca de los regalos que recibiste ese día. Lógicamente, la familia te obsequió distintos presentes; sin embargo, deseo hablarte en especial del que recibiste de tu abuelo. No por su valor económico, sino por su valor sentimental.

Te regalé una cadena y una medalla de oro del Sagrado Corazón de Jesús. Esta última tiene un significado especial para mí y aspiro a que también lo tenga para ti. Esa medalla ha sido un emblema que día a día ha guiado mis pasos de conexión espiritual. Dicha conexión la gestiono a diario a través de la oración, que acompaño con mis deseos por la paz, la tranquilidad, el amor y la abundancia para cada uno de los integrantes de la familia. Además, me recuerda de manera muy especial a tu bisabuela Josefina, mi madre, quien me enseñó el vínculo espiritual con el Sagrado Corazón de Jesús.

Esa cadena y esa medalla no podrían tener mejor destino que tú, querido nieto. Me hace muy feliz pensar que algún día rodeará tu cuello. Deseo que sientas un inmenso orgullo al portarla y que recuerdes el significado emocional que encierra para mí. Más aún, que te sientas en mi compañía.

Espero que la vida me regale la fuerza necesaria para enseñarte la oración del Corazón de Jesús que aprendí de mi madre y que, al igual que tu abuelo, te tomes unos minutos a diario para acercarte al Cielo.

La rutina de estos días que pasamos juntos incluía tu visita tempranera a la habitación de tus abuelos. ¡Qué felicidad compartir el ímpetu de tus tempranas travesuras! No tienen precio la sonrisa y el disfrute con tu abuela Luisa. El cansancio y las pocas horas de sueño quedaban en el olvido con tu presencia. Escuchábamos canciones de navidad, ojeábamos libros infantiles que llamaban tu atención, pero lo que más hacíamos era compartir besos y abrazos hasta agotar tu paciencia. Es posible que al momento de leer este libro no lo recuerdes, pero estoy seguro de que tu alma, de forma inconsciente, habrá atesorado nuestro pacto de amor en cada momento compartido.

Tu primera Navidad, querido nieto. Fue una verdadera lástima que no estuvieran presentes tus abuelos paternos, pero con seguridad habrá muchas otras en las que podremos compartir junto con ellos nuestro amor por ti.

Como ya te he comentado, nuestras familias están separadas, fundamentalmente porque nuestro país ha sido secuestrado por una revolución corrupta que aún hoy arrebata la ilusión, en muchos jóvenes, de soñar con un futuro mejor. Tus padres y tías no han sido la excepción.

Sin embargo, los valores de unidad de nuestra familia siempre se imponen y, con esfuerzo económico incluido, logramos reunirnos como no ocurría desde hacía mucho tiempo. Mi espíritu está agradecido en extremo por todas las emociones vividas, por todas tus sonrisas, por cada uno de tus gestos de sorpresa, curiosidad e inocencia.

No puedo despedir esta carta sin referirme a tu primera visita a la playa. Al parecer, no eres muy amigo de la arena. Espero que esto haya cambiado, pues tu primer contacto no fue muy placentero. Tu cara de confusión así lo reflejaba. Encogías tus piernas para evitar el contacto y te mantenías en la parcela de la toalla que tu madre había dispuesto para ti. Experimentaste tu primer baño en el mar, aunque pasaste la mayor parte de la tarde dentro de una pequeña piscina, chapoteando con tus pequeñas manos y salpicando tu cara.

Escribirte esta carta me devuelve la felicidad. Ha sido placentero dejar testimonio escrito de estas cortas vacaciones, de tu primera Navidad, de tu bautismo, de tu precoz agilidad para abrir los regalos...

En definitiva, querido nieto, los recuerdos de las sonrisas compartidas nos impregnan el alma y la fortalecen. Nos elevan a un sitio donde las emociones son más grandes que la tristeza que nos produce una nueva despedida.

Con la seguridad de que nuestra demostración de amor está impresa en tu ser por siempre —y de manera muy especial en el nuestro, envejecido por los años—, te doy las gracias por regalarnos días maravillosos, que deseo sean una constante en los años por venir, y estar presente en cada momento importante de tu vida.

VUELA ALTO

Hoy te hablaré de algunos principios de vida y de liderazgo que podrás recordar y recrear al imaginarte las características de uno de los animales más audaces y capaces que existen: ¡el águila!

La primera característica que quiero resaltar es que *las águilas no solo vuelan alto, sino también vuelan solas*. Ninguna otra ave puede volar tan alto como ellas, querido nieto. No vuelan acompañadas; básicamente no lo necesitan. Son muy capaces y es este punto el que quiero destacar de manera especial. Volar alto y solo puede sonarte egoísta; además, en otras oportunidades te he destacado la importancia del trabajo en equipo y del reconocimiento de las capacidades de cada uno de sus integrantes, lo que redunda en logros colectivos. Sin embargo, lo que intento decirte con esta primera característica es que te alejes de las personas con mentes limitadas y bajo compromiso. Debes ser capaz de rodearte siempre de buena compañía, esa que solo replique en ti motivación y te exija el máximo de tus potencialidades. No dependas de nadie para tu crecimiento, ten presente siempre que en esta vida nadie te regala nada y que los logros, acompañados de esfuerzo, tienen mejor sabor. Que nadie te regale nada y, si esto sucede, no aceptes ningún premio o compensación que no te hayas sudado. Aléjate de los individuos envidiosos y sin compromiso y vuela muy alto, querido nieto, pues los éxitos en el desempeño profesional dependen, en modo exclusivo, de tu compromiso y tu visión.

Esto último, la visión, me lleva a anunciarte la segunda característica: *las águilas tienen una visión precisa*. Cuando ubican su presa, afinan su puntería y van tras su objetivo sin importar el obstáculo. El águila no mueve su vista de la presa hasta conseguir su objetivo concreto. En pocas palabras, querido nieto, este rasgo me lleva a recordarte, una vez más, la importancia no solo del compromiso al asumir una tarea específica, sino de tener un plan concreto en relación con el objetivo o logro que deseas alcanzar. Enfócalo de la manera más precisa posible; que sea específico, realista, alcanzable y medible. Afina tu visión e imagina ese camino que debes andar. Más aún, anticipa los obstáculos que puedan presentarse. Anticiparse a los problemas nos suele dar ventajas sobre aquellos que de forma constante dependen de la suerte. Este último ingrediente puede formar parte de la ecuación del éxito, pero procura no dejar nada al azar. El azar es caprichoso, querido nieto. Ten una visión clara y concéntrate en tu objetivo.

Si al comienzo no funciona lo planeado, no te des por vencido tan fácilmente. Revisa tu plan, pero nunca reduzcas tus expectativas. No todo lo que nos proponemos se consigue a las primeras de cambio. Muchas veces necesitamos hacer múltiples intentos. Si investigas casos de la vida real, podrás darte cuenta de que la mayoría de los individuos exitosos tienen un amplio historial de fracasos, aunque fracasar supone no tener éxito nunca y eso, querido nieto, no es verdad. Persevera siempre, delinea tus objetivos con firmeza y tendrás éxito.

Vamos ahora con la tercera característica: *el águila no come animales muertos, solo se alimenta de presas frescas*. Esta característica me lleva a recordarte que el esfuerzo y la pasión con que encares cada nuevo proyecto deben estar presentes siempre. Evita regodearte en logros pasados, busca mejorar tus aptitudes e innova en la forma de hacer las cosas con el objetivo de ser tu mejor versión en cada oportunidad. Para ello, debes tener apego por la nueva información disponible que motive los cambios necesarios para asumir nuevos retos. Ten presente que no siempre se obtienen los mismos resultados cuando pretendemos utilizar los mismos procedimientos o argumentos.

La cuarta característica es muy sencilla: *el águila ama la tormenta*. Aquí me quiero referir a que las personas exitosas no temen a los desafíos o dificultades que se les presentan. Más bien los enfrentan con pasión y dedicación, buscando siempre obtener el mejor resultado. No tengas miedo de asumir nuevas y mayores responsabilidades, aunque es comprensible que esto suceda. El miedo lo vencerás poniéndote en acción y confiando en tus capacidades y en tu intuición. Con esto que te digo no pretendo que vivas en un conflicto permanente en todos los ámbitos de tu existencia. Pero sí pretendo que seas consciente de que la vida nos tiende muchas emboscadas y debes prepararte lo mejor posible para enfrentarlas.

La quinta característica nos refiere que *el águila hembra, cuando conoce a su macho, prueba su compromiso*. El águila hembra, antes de aparearse, desciende hacia el suelo perseguida por el macho, coge una ramita y vuela a gran altura para soltarla. El macho se lanza a recogerla antes de que llegue al suelo y se la devuelve. Esta secuencia se repite durante horas hasta que el águila hembra se asegura de que el macho domina el arte de atrapar la ramita, lo que demuestra el compromiso, y solo entonces permite el apareamiento.

Este aparte es una magnífica forma de alertarte acerca de las malas personas, tanto en el ámbito individual como en el profesional, pues existen, querido nieto. No todos los que se te acercan y halagan son tus mejores amigos. No te fíes de primera mano. Y aunque no pretendo que pongas a prueba la fidelidad de todos los que te rodean, sí persigo que siempre te cuestiones en relación con alguna actitud o acción que se suscite, sin dejarte llevar por las palabras o por alguna demostración del pasado. Muchas veces los golpes más duros los recibimos de nuestros seres más cercanos. Pon a prueba tu intuición y cuestiona siempre el compromiso de quienes te rodean.

La sexta característica que nos deja el águila se refiere a que *se prepara para el entrenamiento*. Esto nos recuerda que no hay crecimiento sin intento. No hay crecimiento sin esfuerzo. Vivir en los brazos de lo fácil y lo cómodo nos limita las experiencias y nos hace vulnerables ante las emboscadas de la vida.

La última característica nos indica que *cuando un águila está vieja, se lastima para obtener plumas nuevas*. En pocas palabras, escoge entre morir o renovarse, dejando atrás todo el lastre del pasado, pasando por una profunda transformación. En lo que respecta a nuestra existencia, el águila nos indica que debemos estar atentos a deshacernos de aquellos viejos hábitos, dejando escapar todo aquello que represente una carga y no agregue emoción o valor a nuestra vida. Puedo pronosticar que este punto ha de resultar en extremo difícil, pero debes confiar en tu abuelo y dejar volar todo aquello que, aun amándolo, te haga daño.

Como siempre te he mencionado, debes tomar decisiones y quedarte con las sensaciones y experiencias que te sumen aprendizaje.

En definitiva, querido nieto, las lecciones que nos deja el águila nos alertan sobre la necesidad de una reconsideración acerca de quiénes somos y adónde vamos. Nunca debemos dudar en revisarnos constantemente y emprender, en su justa medida, un proceso de renovación y realineación hacia la mejor existencia deseada. Recuerda siempre que el modo como vivas depende por completo de ti y de la forma en que decidas encarar el mundo. Tómate tu tiempo para evaluarte y desprenderte de viejas costumbres y creencias que no aporten valor a la vida que deseas. Elimina los recuerdos dolorosos del pasado y archívalos en tu presente como lo que han sido: aprendizajes.

Renueva *tu ser* y vuela alto, querido nieto. Vuela tan alto que el viaje solo te permita estar acompañado de gente valiosa que te aporte felicidad y sabiduría.

HÁBLAME EN SILENCIO

> Y una tarde de sol me cubrirán de tierra,
> las manos para siempre cruzadas sobre el pecho.
> Tú con los ojos tristes y los cabellos blancos,
> te pasarás las horas bostezando y tejiendo.
> Y cada primavera renacerán las rosas,
> aunque ya tú estés vieja, y aunque yo me haya muerto.

Puedo imaginar que el inicio de esta carta te haya sorprendido, querido nieto. Es un extracto de un poema del fallecido poeta cubano José Ángel Buesa, de nombre "Elegía para mí y para ti".

Hoy me he tropezado con algunas copias de poemas de Buesa y este, particularmente, me mueve los sentimientos.

"Es muy triste", estarás pensando. Pero encierra tantas emociones que me permite utilizarlo para escribirte esta carta.

Este poema relata, en hermosos versos, el anhelo y los recuerdos de un amor perdido, recuerdos que se va robando el tiempo, tal como sentencian las líneas que indican "al cruzar una calle, nos vimos frente a frente, ya sin reconocernos".

El aparte que he transcrito es el último, que describe con tristeza cómo la existencia se nos apaga con los años y, junto con ella, todos los recuerdos.

No preciso hablarte de la muerte, pues me queda mucho por vivir y por hacer. Me quedan muchos nietos por conocer y disfrutar, y miles de abrazos por dar y recibir. Pero confieso que, cuando avanzamos en edad, se nos presenta esta incógnita que, de manera indefectible, se dibuja en nuestro futuro. Tal vez no sea el momento para recrear semejante acontecimiento, pero la vida pasa y nos ponemos viejos, los años nos arrasan y llega el punto en el que hasta nos vemos en el espejo y no nos reconocemos. Llega el punto en el que lo que sentías que era tuyo ya no lo es, pues se lo ha llevado el tiempo.

Ese día llegará y, cuando llegue, estoy absolutamente seguro de que al lado de mi tumba estarán todos mis nietos.

No pido mucho, solo que recuerden los momentos compartidos con este viejo, celebren con orgullo mi paso por este plano y reconozcan en mí a un abuelo que fue un hombre bueno.

Yo seguiré vigilando sus pasos como lo he hecho siempre. Eso no cambiará. Como bien escribió san Agustín: "La muerte no es nada. Yo solo me he ido a la habitación de al lado. Que se pronuncie mi nombre en casa como siempre lo ha sido, sin énfasis ninguno, sin rastro de sombra. La vida es lo que siempre ha sido. El hilo no está cortado. ¿Por qué estaría yo fuera de tu mente solo porque estoy fuera de tu vista?". Hermoso, ¿no?

Ahora bien, querido nieto, la muerte es tan solo el punto final de nuestro paso por este plano, que comienza cuando nacemos. Esta reflexión me lleva a recordar que una vez leí que en España se dice que la vida solo son dos días: el día en que naces y el día en que mueres. Por lo tanto, querido nieto, tomando esto como cierto, todos y cada uno de los momentos restantes de tu existencia son extras. De allí mi énfasis reiterado en que disfrutes plenamente cada instante que nos regala la vida. Decide bien cómo vivirla, ¡no la desperdicies!

Yo he vivido la mía de la mejor manera posible, con mis limitaciones, con mis errores y con todo el aprendizaje que nos dejan las heridas y alegrías, los triunfos y decepciones, lo que me permite dedicarte cada una de estas cartas para abonar y apostar a que tu paso por la vida sea más placentero que el mío.

Vivirás la tuya, eso es indudable. Cometerás errores y tendrás muchas decepciones. Nos toca a todos. Pero estoy muy seguro de que, en algún momento de tu existencia, ante los acertijos que se presenten en tu camino, recordarás mis escritos y palabras, mis consejos, y me conversarás de lejos.

Sin embargo, cuando me haya ido, no podré acompañarte más en tus juegos. Cuando me haya ido, no podrás oír mis consejos. Cuando me haya ido, tus ojos destilarán tristeza, pero tu alma renacerá de nuevo con el recuerdo de cada historia compartida. Cuando me haya ido, recuérdame bonito. No me iré tan lejos, tan solo háblame en silencio, pues mi espíritu estará cerca aunque no puedas verlo.

Vive con intensidad y agradece cada uno de los días extras que nos regala la vida. Recuerda a tu abuelo con amor y atesora con orgullo todo el legado de experiencias compartidas que he intentado dejarte en cada una de mis cartas y visitas.

En definitiva, querido nieto, deseo profundamente que vivas una existencia buena y honorable, tanto que, cuando la mires con los ojos de la vejez, puedas disfrutarla por segunda vez.

SÉ UN HOMBRE HONORABLE

Hay un ejemplo al que me gusta referirme en algunas conversaciones con mis colaboradores, para hacerles ver el sentido de asumir o no la responsabilidad en determinados asuntos, con independencia de si el origen del problema fue ocasionado por ellos.

Este ejemplo lo oí en un discurso de un sacerdote, director del colegio donde estudiaba tu primo Gustavo —Pite—, con motivo del acto de su graduación de bachiller.

El padre motivaba a los graduandos a asumir la actitud más responsable ante situaciones que, si bien no son promovidas de forma individual, pueden afectar al colectivo y el bienestar de las sociedades en general.

El ejemplo que te voy a resumir, querido nieto, describe tres reacciones diferentes ante un mismo problema. Te cuento:

En medio de un pasillo, hay un pedazo de papel tirado en el piso. Una primera persona camina sin percibir que hay un papel en el suelo. Una segunda percibe el papel tirado en el piso; sin embargo, pasa a su lado y no lo recoge. Por último, una tercera también se percata del papel y, a diferencia del segundo personaje descrito, lo recoge y lo deposita en un cesto de basura.

El cuento narrado por el sacerdote dejaba muy claro a los graduandos el mensaje de tomar la tercera opción y los alentaba a no ser indiferentes ante situaciones que, si bien pueden no incidir de forma directa sobre alguien en particular, deben tomar en cuenta el colectivo y, en consecuencia, favorecer el bienestar de la sociedad en general. Esto también aplica a ocasiones que se nos presentan, ante las cuales sentimos que una determinada decisión nos perjudica y, por ende, adoptamos una mala actitud, en lugar de comportarnos precisamente de forma contraria (buena actitud y disposición) para demostrar que, en definitiva, la decisión adoptada no ha sido la correcta.

En todo caso, querido nieto, este ejemplo me lleva a alertarte acerca de las amenazas al bienestar y al desarrollo de las sociedades por actuaciones infames de muchos individuos. También sobre cómo podemos influir de manera positiva, desde nuestra parcela, sin ningún tipo de prejuicios.

Para lograr esto no hay mayor secreto, querido nieto. Deseo siempre que seas un hombre de corazón bondadoso. Esto significa que tu actuación esté siempre enmarcada en el ejemplo del tercer personaje de la historia y que, aunque tus acciones estén dirigidas por una motivación individual, no afecten al colectivo. No es honorable aprovecharte de una situación cuando sabes que estás causando daño a otros.

Si miramos con lupa el ejemplo traído a colación por el padre, el primer sujeto no se percata del papel en el suelo y, por ende, no hace nada. Ahora bien, el no haberlo visto no lo exime de su responsabilidad con la sociedad pues, en definitiva, el papel en el suelo afecta al colectivo.

No puedo asegurarte si esta omisión lo hace menos culpable que al segundo sujeto. De individuos indiferentes e indolentes está lleno el mundo y precisamente este es el mayor problema. Ser indiferente es peligroso, querido nieto. Cuando lo somos, damos paso a que otros, por lo general con malas intenciones, asuman el liderazgo, lo que a la postre causa mucho daño. La indiferencia conlleva sufrimiento, no aporta nada en absoluto y daña de modo ostensible las relaciones individuales y las sociedades. Una sociedad indiferente es una sociedad entregada a las apetencias de líderes negativos.

La segunda persona, a diferencia de la primera, sí se percató del papel tirado en el suelo, pero decidió no recogerlo. Su actuación podría traducirse como una "indiferencia consciente". Quizás esta postura sea más perversa que la primera, siendo el caso que, quienes actúan de manera similar, entienden que son situaciones aisladas que no les afectan ni les afectarán en el futuro. Esta forma de pensar es muy peligrosa para cualquier sociedad y, lamentablemente, es una de las características de la nuestra —la sociedad venezolana— en tiempos de revolución.

Los que se agrupan dentro de esta posición son seres egoístas y de ambición malsana. En este sentido, quiero dejarte muy claro que, para lograr tus objetivos, una dosis de ambición es necesaria; sin embargo, como tantas veces te he comentado, esa ambición no puede en modo alguno dañar a otros, al menos no de forma consciente.

El ejemplo del tercer individuo es el más representativo para mí y el que aspiro sea tu norte. Es el ejemplo de un ser comprometido y solidario. El ejemplo fiel de alguien que aporta a la sociedad con pequeños actos individuales, asumiendo responsabilidad en situaciones donde puede dar su aporte en beneficio del colectivo. Un hombre que actúa bajo la premisa del tercer personaje es alguien consciente y con una fortaleza mental que le impide ser manipulado por la comodidad del indiferente.

 Debo advertirte que no debes confundir el ser indiferente con quedarte callado en una situación para calmar los rigores de alguna discusión. Muchas veces el silencio contribuye a suavizar situaciones confusas. Lo más importante es que con ello no dañes a nadie. La indiferencia daña y deja profundas heridas.

 En definitiva, querido nieto, lo que deseo —y que constituye la razón principal de esta carta— es motivarte a que seas bondadoso. Que los actos en tu vida estén guiados por la verdad y la serenidad de saber que con tus actuaciones no perjudicas de forma intencional a nadie. Todo esto suma en favor de la comunidad donde te desenvuelvas: la de negocio, la de tus amistades y vecinos, la de tus colegas, la de tus familiares.

 Sé siempre esa tercera persona y garantiza tu aporte al bienestar colectivo. Sé un hombre honorable, un ejemplo para tus hijos y los afortunados que lleguen a conocerte.

FILOSOFÍA DE LA FELICIDAD

Muchos se equivocan cuando mencionan que hay que tener éxito para ser feliz y resulta que es exactamente lo contrario: para tener éxito, ¡hay que ser feliz primero!

Sin ese ingrediente, querido nieto, te será muy difícil conseguir ser exitoso en los proyectos que emprendas.

La felicidad es un concepto personalísimo y que considero un elemento que va gestándose con el paso del tiempo, con esa madurez que te regala la conjunción de momentos y experiencias que enriquecen tu espíritu.

Por ello, es muy importante la justa valoración de lo que somos y poseemos, así como el disfrute pleno de cada uno de los momentos que nos regala la vida.

Para Sócrates —filósofo griego—, así como para la mayoría de los filósofos griegos, la búsqueda de la felicidad es el propósito principal de la existencia. Yo considero que la felicidad no se busca, pues la vida misma es un regalo que hay que disfrutar en todas sus facetas, sin importar el sinfín de momentos dolorosos que se recojan a lo largo del camino y que nos tatúen el alma. Por lo tanto, ser feliz es un proceso o, más bien, una suma de procesos que nos permiten transitar y crecer en experiencias que se almacenan en nuestra memoria.

Entonces, querido nieto, para alcanzar la felicidad no hay mayor protocolo que ¡ser! Sentirte satisfecho con cada acto que lleves a cabo, siempre con humildad y sin perjudicar a nadie.

Sé tú mismo y haz el bien. Te garantizo que, en ese estado del ser, vivirás en plenitud y paz interior y, en consecuencia, no necesitarás estímulos externos que solo añaden frustraciones a tu vida. Agrego algo más: para ser feliz, debes procurar ser tu mejor versión cada día y compararte con tu yo anterior. Este es el mejor termómetro de tu crecimiento personal. Recuérdalo siempre. El éxito y la felicidad son un hermoso viaje, no un destino. El destino es la consecuencia.

Si buscas e investigas en relación con este concepto, conseguirás muchas guías, definiciones y consejos.

Con esta carta pretendo facilitarte el trabajo, resumiendo las reglas para ser feliz que ha definido el líder del budismo tibetano, el dalái lama, las cuales me permitiré comentar para que tu lectura sea más llevadera:

Ten en cuenta que los grandes amores y las grandes realizaciones conllevan grandes riesgos

Esto es cien por ciento cierto, querido nieto. No esperes nunca lograr grandes triunfos o recompensas sin que en el camino dejes el pellejo. El esfuerzo trae consigo recompensas, y el gran esfuerzo trae grandes recompensas. En cuanto al amor, ya te he mencionado muchas veces en mis cartas que la única opción es entregarte por completo, sin guardarte nada. Arriésgate y, de esta manera, encontrarás a ese alguien que te acompañe para sortear juntos los baches que se presentan en la vida.

Cuando pierdas, no pierdas la lección
De esto se trata la existencia y la clave del crecimiento. No siempre se gana. Cuando esto te suceda, asume la derrota con gallardía. Perdiendo también se gana. Analiza lo ocurrido, replantea el proceso y valora el aprendizaje. Te aseguro que la próxima vez que lo intentes el resultado será infinitamente distinto.

Sigue las tres "R": respeto por ti mismo, respeto por los demás y responsabilidad por todas tus acciones
Del respeto y responsabilidad te he escrito en otras cartas. No hay mayor secreto en esta regla, querido nieto. Ambos, el respeto y la responsabilidad, son valores incuestionables. Cuando actúas con respeto y consideración hacia tus semejantes y, en particular, hacia aquellos con quienes te toque relacionarte, creas un ambiente de armonía y empatía difícil de corromper. Ese sentimiento positivo de armonía vale para otras personas, pero mucho más importante es el sentimiento y el respeto hacia ti mismo.

En cuanto a la responsabilidad, es fundamental que la despliegues en tus acciones diarias, pues constituye el atributo principal para alcanzar tus metas, tanto en el ámbito individual como en el profesional.

Recuerda que no conseguir lo que quieres es a veces un maravilloso golpe de suerte
Puede parecerte contradictoria esta regla; de hecho, a mí me pareció lo mismo. Lo menciono por cuanto siempre te he alentado a perseguir tus objetivos y a lograr resultados con esfuerzo, compromiso, responsabilidad, pasión y humildad.

Ahora bien, lo que creo que pretende expresar el dalái lama con esta regla es que absolutamente nada de lo que nos pasa ocurre por casualidad.

Por más doloroso que sea lo que nos pase, bueno o malo, se trata de un aprendizaje que nos prepara para enfrentar nuevas situaciones que con certeza nos favorecerán si sacamos provecho de esta experiencia pasada. La vida es lo que pasa, querido nieto. Ella nos envía mensajes a diario para corregir y enmendar los errores cometidos, los cuales, en su momento, debieron pasar por algo.

No te desanimes nunca, lucha por tus objetivos siempre, pero aprende a leer los mensajes que, de tiempo en tiempo, te manda la vida.

Aprende las reglas; así sabrás cómo romperlas

Te mencioné en unas de mis cartas que debes conocer las reglas y sus excepciones. De esta manera, al conocerlas, sabrás cómo usarlas en el momento adecuado, o bien sabrás a qué te enfrentas y así evitarás tomar decisiones inadecuadas.

No permitas que una pequeña disputa dañe una gran amistad

Aquí se nos recuerda la importancia del perdón y la humildad. Los desencuentros están a la orden del día y muchas veces nos dejamos llevar por ellos y actuamos de forma impulsiva.

Esto último es importante tomarlo en cuenta, pues nos hace decir cosas, en medio de una discusión, que muchas veces se originan por malentendidos.

Cuando esto suceda, ponte en el lugar del otro, comprende su punto de vista y, lo que es aún más importante, no te tomes nada de manera personal. Coloca la amistad verdadera en un pedestal, por encima de lo sucedido, y evita herir a tu contraparte con palabras que, a la postre, nunca quisiste decir.

Cuando te des cuenta de que has cometido un error, toma medidas inmediatas para corregirlo
Nuestra existencia es un sube y baja, una mezcla de aciertos y errores. Nadie se escapa de ello, querido nieto. No podrás eludirlo, aun con mis consejos. Por lo tanto, cuando cometas un error, no te quedes lamentando lo sucedido. Aprende la lección, corrige y sigue adelante. No tienes otra opción. No te culpes demasiado por lo ocurrido y tan solo valora el aprendizaje. ¡Errar es de humanos; corregir, de sabios!

Pasa algún tiempo solo todos los días
Es válido siempre un momento de reflexión. Es la comunión entre la mente y el alma. El reencuentro con el silencio.

Abre tus brazos al cambio, pero no abandones tus valores
Esta regla se explica por sí sola. La vida misma es un proceso de aprendizaje. En ese aprendizaje, surgen necesidades de adaptación y de profundos cambios que nos permiten crecer. Sin embargo, abrir tus brazos al cambio y al crecimiento debe ir acompañado de los valores inculcados por tus padres y familiares. Sin valores, pierdes el norte del bien y, con ello, la brújula de tu ser.

Recuerda que el silencio es, a veces, la mejor respuesta
Esta regla es contundente. No siempre el que calla otorga. Con el silencio, muchas veces ganas y evitas discusiones que no

te aportan nada. Como una vez leí en una novela, el silencio es sagrado, querido nieto. El silencio es sagrado porque solo aquellos que se aman pueden estar juntos sin hablar.

Vive una existencia buena y honorable
Si vives en corcondancia con esta premisa, cuando tengas mi edad y mires la forma como la has vivido, serás capaz de disfrutarla por segunda vez y de dejar sembrado el legado de la honorabilidad a tus descendientes.

Una atmósfera amorosa en tu casa es el cimiento para tu vida
Vivir en amor es vivir junto a Dios, esa fuerza invisible y poderosa que engrana los hilos de la existencia y potencia nuestras almas. Me consta que el amor de tus padres y familiares ha sido una constante en tu vida. Te tocará seguir cultivándolo.

Ante desacuerdos con tus seres queridos, preocúpate únicamente por la situación actual. No traigas de vuelta al pasado
El pasado es pasado, querido nieto. Enfoca tu trajinar diario en el hoy y, ante los desencuentros que muchas veces nos sorprenden, no traigas de vuelta ningún episodio doloroso del pasado y dale un voto de confianza al entendimiento.

Comparte tu conocimiento. Es una forma de alcanzar la inmortalidad
Cuando compartes tu conocimiento, dejas huella en los afortunados que hayan tenido el privilegio de haber compartido contigo. Cuando compartes conocimiento, regalas sabiduría y aportas al crecimiento individual de cada quien. Cuando

compartes conocimiento, el mundo se arrodilla y siembras un espacio imborrable en el alma de tus colaboradores y amigos.

Sé amable con la tierra
Se lo debemos. Es nuestra. Allí vivirán tus hijos y tus nietos.

Una vez al año, visita algún lugar donde nunca hayas estado antes
Esta regla no intenta alimentar nuestro ego por el disfrute propio que tiene viajar, sino fortalecer nuestra comunión con la existencia y las nuevas experiencias.

Vivimos en la creencia de que el mundo que nos rodea y la manera como lo percibimos son la forma correcta de vivir la vida. Sin embargo, cuando viajamos nos entregamos a nuevas costumbres y aprendemos a valorar las bondades de otras culturas y realidades, lo que nos permite encuadrar las perspectivas y ganar en sabiduría.

El aprendizaje, querido nieto, y tener un abanico de posibilidades nos hace más capaces y mejores personas.

Recuerda que la mejor relación es aquella en la que el amor por cada uno excede la necesidad del otro
"El amor es luz, dado que ilumina a quien da y lo recibe. El amor es potencia, porque multiplica lo mejor que tenemos". Recuerda siempre esta frase escrita por Einstein, querido nieto. ¡Cuánta verdad! El amor debe estar por encima de todo.

Juzga tu éxito por lo que tuviste que renunciar para obtenerlo

Valora profundamente el catálogo de logros que alcances en este plano. Comparte con tus descendientes las claves de tu éxito y el inventario de sacrificios que hiciste para obtenerlo. Comparte también el paquete de fracasos y obstáculos que acompañó ese proceso. Tu éxito lo has sudado y constituye tu esencia.

En definitiva, querido nieto, no hay mucho más que agregar. Disfruta tu existencia como lo haces en tus escasos primeros meses, agradece cada experiencia y el aprendizaje que te deja, y camina el sendero de tu vida con la convicción, innegociable, de ser feliz.

Nunca te arrepientas de vivirla como deseaste. Tendrás días buenos que te darán felicidad. Otros no tan buenos, que te reportarán experiencia. Lo importante es que no renuncies a las grandes lecciones y a los bellos recuerdos que te deja.

LA VIDA ES UN ARCOÍRIS

"No es lo que pasa, sino cómo enfrentas y miras lo que pasa". Esta sentencia tiene mucho sentido, querido nieto.

El trajín de la existencia nos va dejando experiencias buenas y malas, momentos tristes y alegres, como tantas veces te he escrito. La vida es un inmenso arcoíris que pinta cada día de diversos colores. La clave está en el color que elijamos para enfrentar sus vaivenes.

Te pondré un ejemplo de esto para que entiendas de primera mano la gran diferencia que implica para nuestro ánimo el hecho de encarar lo que luce como una secuencia de situaciones dramáticas con una visión optimista y positiva.

Este ejemplo llegó hace poco a mis manos. Es un relato acerca de un escritor que se encontraba en la sala de estudios de su casa y que comenzó a escribir un resumen de episodios recientes desde la óptica de su tristeza, debido a situaciones acaecidas que lo habían afectado. La carta escrita decía lo siguiente:

- El año pasado fui sometido a una cirugía y me extrajeron la vesícula biliar. Estuve en cama durante largo tiempo.

- El mismo año llegué a los sesenta y tuve que renunciar a mi trabajo favorito como editor, en el cual permanecí treinta años de mi vida.
- Durante esa misma época experimenté un gran dolor por la muerte de mi padre y el accidente de automóvil de mi hijo. La destrucción del coche fue otra pérdida.

Finalizó la carta expresando: "¡Fue un año muy malo!".

La esposa del escritor entró en el salón y se percató inmediatamente de su tristeza. Se acercó a él y, desde atrás, pudo leer lo que su esposo había escrito. Acto seguido, salió del salón y, al rato, regresó con un papel que colocó a la vista de su marido triste. El mismo tenía escrito lo siguiente:

- El año pasado por fin me deshice de mi vesícula biliar, después de pasar muchos años con dolor.
- Cumplí sesenta años con buena salud y me retiré del trabajo. Ahora dispongo de mayor tiempo para escribir con paz y tranquilidad.
- El mismo año mi padre, a la edad de noventa y cinco, sin depender de nadie y sin drama, conoció a su Creador.
- También el año pasado, Dios bendijo a mi hijo con una nueva oportunidad de vivir. Mi coche quedó destruido, pero mi hijo sobrevivió, sin ninguna secuela o discapacidad.

La esposa cerró la nota con la siguiente inscripción: "¡Este año fue una inmensa bendición de Dios!".

¡Qué manera tan positiva de ver la vida!, porque, en definitiva, se trata de los mismos hechos, pero narrados desde puntos de vista diferentes. El escritor los plasma desde la tristeza; su esposa, desde el agradecimiento.

Es por ello, querido nieto, por lo que insisto en destacarte la premisa de que la forma como decidas mirar al mundo y lo que te suceda está absolutamente en tus manos.

Solo depende de ti, de nadie más. Quizá leas mi carta y estés pasando por un proceso doloroso. Quizá estés reclamando a tu abuelo la simplicidad de esta nota al compararla con el insoportable dolor que te embarga. Sin embargo, solo intento que entiendas que, aún en las peores situaciones, la actitud con que las enfrentes y el enfoque que utilices dependen solo de ti.

Vístete de coraje, querido nieto, y búscale el lado positivo a tu tragedia.

Permite que se desarrolle el desenlace y no te dejes vencer por la impaciencia. Todo proceso lleva su tiempo y este, junto a la paciencia, obrará a tu favor.

El relato del escritor también me recuerda la importancia que tiene la forma que empleamos para comunicarnos. Lo que quiero significar es: no se trata de lo que dices, sino de cómo lo dices.

Para ello no hay mayor secreto, querido nieto. La bandera de la verdad la debes portar siempre. Ser sincero no tiene precio. La sinceridad es el mejor escudo para la gente valiente. No decir la verdad es de cobardes y tú no lo eres.

Hay un dicho que reza: "La verdad duele". Pero yo te digo que la verdad no duele, querido nieto. Lo que duele es la mentira y la forma como se utiliza para dañar a las personas.

No sé si comprendes el sentido profundo del significado de ser sincero. Te pido que este valor esté siempre presente en tus actuaciones.

Puedo asegurarte que, cuando tengas mi edad y recuerdes momentos importantes, la constante que encontrarás en la solución de los problemas y en las muestras de cariño recibidas será la de haber sido sincero. Atrévete, querido nieto; a mí me ha funcionado.

Después de escribirte estas líneas, no me queda mucho que decirte. Simplemente quisiera destacar, una vez más, que la vida es lo que pasa y que la forma de enfrentarla depende en exclusiva de ti.

Agradece cuanto te ocurra y valora en profundidad cada experiencia. Agradecer nos hace felices, y no al contrario.

Sé paciente y no apresures tus decisiones. Sé sincero y mira al mundo que te rodea con lentes de optimismo y reflexión. De esta manera, cuando todo se calme, tendrás la paz de sentir que todo lo que hiciste y aprendiste valió la pena.

SIN EXPECTATIVAS

Hoy te escribo desde la oscuridad de mi hogar. He despertado muy temprano y, por esas rarezas de la vida, he recordado una conversación que sostuve recientemente con una de mis colaboradoras, la cual, ante una de mis interrogantes en relación con una situación personal, sentenció: "¡No tengo expectativas!".

Debo confesarte, querido nieto, que esa sentencia aún retumba en mi cabeza y la quiero compartir contigo desde un punto de vista que, con seguridad, no coincide con lo que pensamos *a priori*.

Fíjate que esas palabras en sí esconden una falta de interés. Eso parece, pero no es así. Es solo después, con el paso de los días, cuando esa sentencia cobra un sentido muy distinto.

Siempre te he comentado acerca de la importancia de tener un plan y de enfocarte en los objetivos que persigas en todos los ámbitos de tu existencia. Tener un plan y ejecutarlo, si bien no garantiza el logro *per se*, nos coloca en la ruta.

Ahora bien, querido nieto, imagina encarar esta ruta "sin tener expectativas". Luce contradictorio, sí, pero no lo es tanto. Te explico.

Míralo de esta forma: de alguna manera, no tener expectativas implica una indudable ventaja, por cuanto desde el principio eliminas la ansiedad del camino trazado, ese sentimiento que tantas veces nos arrebata la tranquilidad del disfrute del proceso.

"No tener expectativas" no ignora tener un plan y metas precisas. Más bien nos invita a centrarnos en el proceso planeado para alcanzar el éxito.

La propia senda que debemos recorrer, como tantas veces te he expresado, te permitirá acumular experiencias y momentos que moldearán tu esencia.

No tener expectativas es un escudo al dolor o frustración que podrían sobrevenir por un resultado inesperado que habías visualizado de otra manera.

No tener expectativas es estar consciente de que puedes perder o ganar, sin negarte al aprendizaje que te dejará el proceso.

No tener expectativas significa no anticipar los resultados y, al mismo tiempo, estar consciente del camino emprendido, el cual, en definitiva, te llevará hasta el final, hasta el logro de tu objetivo.

Esta sentencia puedes utilizarla del mismo modo en el amor. Cuando te encuentres en una relación, mi premisa siempre será que deberás entregarte por completo y sin limitaciones. Sentir y hacer sentir ese sentimiento que con certeza, para cuando leas esta carta, habrás experimentado en algún momento de tu existencia. Pero entregarte sin expectativas te da una ventaja innegable, ya que, así el resultado no fuera el esperado sino más bien un amor perdido, habrás tenido la satisfacción de haberlo dado todo sin haber esperado nada a cambio, al menos no como premisa principal.

No sé si logro explicarme por completo. Sin embargo, quiero que te quede claro que esta frase no es una muestra de desinterés. Afortunadamente, por su propia expresión, te enfoca en el disfrute del proceso, en el goce de vivir el aquí y el ahora. Además, aleja las expectativas de la realidad presente y, en definitiva, te permite estar más alineado y consciente de la vida y de las diferentes formas de enfrentarla.

Yo elijo para ti, querido nieto, que la vivas de una forma positiva y anclando los pies en el presente.

¡QUÉ DESASTRE!

Me avergüenza relatarte este episodio de mi adolescencia, pero me siento obligado a contarte las cosas buenas y las no tan buenas. Es indudable que el inicio de esta carta te indica que lo que te contaré a continuación no es el mejor ejemplo.

Ocurrió en una fiesta de quince años. La profusión y abundancia de bebidas alcohólicas y la euforia de mi espíritu adolescente se unieron para provocar lo que yo llamo un desastre.

Bebí mucho, querido nieto. Se me pasó la mano, tal vez empujado por alguna tristeza.

La consecuencia de lo que ocurrió, para los adultos del lugar, fue una tragedia.

Transcurría la fiesta y todos —un buen grupo de amigos y amigas— estábamos muy animados. Ese no era el problema. El problema fue que siempre estuve acompañado de un trago de whisky. Fue mi compañero de baile desde el principio. A mi edad, y sin la experiencia adecuada, los rigores del alcohol empezaron a hacer estragos en mi cuerpo y en mi mente.

Algunas amigas, conscientes de mi pobre estado, se juntaron para ofrecerme algo de comer, pensando que, de esta manera, el mareo producido por la ingesta de alcohol cedería.

Recuerdo que no me apetecía y me negaba a comer, pero más pudo la insistencia de mis amigas y accedí a probar algunos bocados.

Estaba sentado en un sofá del *hall* principal de la casa. Al momento de recibir los primeros bocados, expulsé en forma violenta lo poco que estaba contenido en mi estómago. En palabras más crudas: ¡vomité!

No sé si estarás sorprendido por esta revelación o si más bien te estarás riendo a carcajadas. Prefiero que sea lo segundo y que este acto vergonzoso de mi juventud al menos te regale un momento de hilaridad. De hecho, tus tíos abuelos, mis hermanos, no se cansan de echar ese cuento en las reuniones familiares. Yo aprovecho la oportunidad que me doy al escribir este libro para que lo conozcas directamente por mí.

Sin embargo, el cuento no está completo. El destino que tuvo mi vómito fue el vestido de fiesta de una de mis amigas. Los muebles de la casa también sufrieron la misma suerte. ¡Qué desastre!

Luego del episodio ya relatado, y en medio de mi "inconsciencia consciente", busqué a mis hermanos abriéndome paso entre los invitados. Sus caras de vergüenza eran evidentes. Su misión era sacarme de la fiesta en aquel estado de ebriedad y salpicado de mi propio vómito. No fue tarea fácil, pero ellos buscaron la forma de hacerlo sin tener que abandonar la fiesta.

Acto seguido, me pidieron que caminara alrededor del piso descubierto donde transcurría la fiesta, y eso hice. No recuerdo cuantas vueltas fueron, pero puedo jurarte que fueron tantas como la duración de la fiesta. ¿Por qué contarte esto, querido nieto?

Es obvio que no es para tu disfrute. Sí para prevenirte del peligro del consumo excesivo de alcohol.

El asunto no es beber. El asunto es la cantidad.

Tomar alcohol en una fiesta es parte de la diversión. La historia de las bebidas alcohólicas va ligada a la propia historia del ser humano. El consumo de alcohol ha formado parte de nuestra cultura y sociedad durante siglos. De hecho, estudios antropológicos evidencian que ciertas bebidas alcohólicas fermentadas, como el vino y la cerveza, eran ya consumidas hace al menos cinco mil años. Las bebidas con alcohol, por su naturaleza y sus efectos, se vincularon pronto con lo divino y se asociaron a los rituales religiosos. Ahora bien, lo que no debe ser parte de la celebración es pasarte de tragos y afectar la diversión de todos los invitados.

Por ello, querido nieto, te invito a tomar con precaución y a que conozcas tus límites.

Compartir con amigos y asistir a fiestas es parte de la convivencia en sociedad. El alcohol siempre está presente en cualquier tipo de eventos y celebraciones. Pero en tu norte debe prevalecer la responsabilidad en su consumo. El exceso de alcohol te priva del disfrute y te apaga la conciencia.

No te dejes llevar o tentar por los demás. Pon tus límites y bebe con precaución.

GUARDA UN PEDAZO
DE MI MADRE EN TU ESENCIA

Mi madre, tu bisabuela Josefina, murió muy joven. Mis hijas no tuvieron la dicha de conocerla.

Partió tan temprano que me cuesta imaginar cómo habría influido en sus vidas. Sin embargo, debo confesarte que estoy por completo seguro de que mi madre habría dejado una huella imborrable en la memoria de cada una de ellas.

Hace poco, uno de mis hermanos, tu tío abuelo Juan Carlos, escribió una emotiva carta por cumplirse un aniversario más de su cumpleaños. Habría sido el número ochenta y tres.

Cuando mamá murió, Juan Carlos estaba muy pequeño. En su escrito refería: "Busco entre mis recuerdos momentos contigo y son tan efímeros, tan difusos, que no estoy seguro de si fue mi mente la que los bloqueó para evitar el dolor de tu ausencia o de si solo fueron muy pocos. Lo cierto es que no compartimos lo suficiente y quedaron muchas cosas por vivir juntos". Esas palabras son un hermoso homenaje a mi madre, tu bisabuela, y aunque es indudable que los hermanos mayores pudimos disfrutarla un poco más, no lo hicimos en toda su extensión porque se nos fue muy pronto.

Debo admitir también, con algo de vergüenza, que a pesar de los años de ventaja que le llevo a mi hermano menor, mis recuerdos son tan escasos como los de él. Lo que sí transita mi memoria, y es innegable, es el profundo amor, devoción y sacrificio que mostraba a cada uno de sus hijos en todo momento. Ese sello, querido nieto, no lo borra nada ni nadie. Es la esencia pura de una madre. Esa huella que se hace fuerte desde el mismo momento del nacimiento. La misma impronta que tu madre borda a diario en tus días. El mismo sello que pretendo dejarte en cada oportunidad en la que la vida nos junte.

Relatarte sobre mi madre es describir el amor desinteresado en su máxima expresión. Un noble y puro sentimiento que en nada coincidía con su coloquial vocabulario. Escribo esto y sonrío al recordar sus ocurrencias, acompañadas con todo el repertorio de groserías que adornaba su personalidad.

Cuando hablo de amor desinteresado, lo hablo con todo lo que encierra su significado. Eso es lo más destacable. Su entrega diaria, su preocupación constante y su dedicación por cada uno de sus cinco hijos aún se cuela en mis pocos recuerdos. Vivía para querernos. Adaptaba su día para estar presente en la vida de todos a su manera: unas veces consejera, otras regañona, o sencillamente "a punta de coñazos", como muchas veces nos decía.

Mi madre llegaba al extremo de complacer los gustos gastronómicos de cada uno de sus hijos sin quejarse, pues —a pesar de lo desconsiderados que solemos ser los hombres en general— su devoción por atendernos se manifestaba en deliciosos platos. El asado y las caraotas los recuerdo con particular devoción; sin embargo, en mis recuerdos se erige un plato muy casero que mezclaba masa de arepa, mantequilla, caraotas negras, queso blanco rallado, huevo y aguacate. Era su predilecto y no se hacía de rogar para preparárnoslo.

Pero eso no era suficiente. No le alcanzaba con ocuparse de cinco hijos y de tu bisabuelo Carlos. También se las ingeniaba para muchas veces atender y alimentar a nuestros amigos de la cuadra. Sus desayunos postcelebración de Navidad y Año Nuevo eran una fija para todos.

Era confidente de varias de mis primas mayores e, incluso, la receptora de los cuentos y travesuras de nuestros amigos, amigas y algunas exnovias —por supuesto, a las que consideraba buenas muchachas; las que no, ya habían sido borradas de sus afectos—. Así era mi madre: todo o nada. Toda una *coach* profesional, en eso nos parecemos.

Estas confidencias las acompañaba de un cigarro. Siempre se las ingeniaba para tener uno en sus manos. Recordarla sin un cigarro no es tarea fácil. Si no alcanzaba el dinero para comprarlo, se las ingeniaba para convencer al portugués del abasto cercano a nuestro edificio y obtenerlo a crédito. Si no, no había problema. Contactaba a alguno de nuestros amigos fumadores para conseguir su dosis diaria, que era elevada, y que a la postre fue el detonante principal para su temprana muerte.

Mis hermanos y yo, sin excepción, fuimos sus mensajeros para comprar sus dos cajas de cigarro Astor rojo, su marca preferida. No estábamos conscientes de que, de alguna forma, estábamos contribuyendo a su despedida de este plano. Esto también destaca el carácter influyente de mi madre, ya que, a pesar de las reiteradas quejas y reclamos de mi padre en relación con su vicio, cedíamos en comprarle los cigarros. ¿Cómo negárselos? Era lo único que pedía a cambio de tanto amor y sacrificio. Tan influyente era su carácter que hasta lograba que los vendedores de nacionalidad árabe que deambulaban por las calles ofreciendo joyas se las vendieran a plazos cómodos, tan cómodos que, con el poco dinero que mi padre podía aportar a los gastos del hogar, cancelaba sus deudas y compraba sus cigarros. Tu abuela Luisa Elena fue receptora de muchos de esos regalos. Esta peculiaridad de mi madre la conocimos semanas después de su muerte, cuando el árabe, con mucho respeto y hasta con tristeza, se presentó en mi casa con un rosario de deudas contraídas por mi madre para complacer, principalmente, a sus nueras.

En esta historia también cuenta tu abuela Luisa Elena. Mi madre en sus relaciones era blanco o negro. No había medias tintas. Por fortuna para mí, mantuvo una relación maravillosa con ella, tanto que creo que la quería más que a mí. Así era mamá, entregada. No le importaba que sus preferencias por algunas personas fueran evidentes. Lo mismo me pasa contigo. Mi preferencia y mi amor por ti ya son cuestionados por muchos, aun sin conocer a mis otros nietos.

A mi madre había que ganársela. No con regalos o consentimientos, sino siendo auténticos y sinceros. Su intuición era una de sus mejores armas.

Como ya te he comentado, querido nieto, mi madre dedicaba el cien por ciento de su tiempo a las labores del hogar. Podrás imaginar que aquello no era nada sencillo en compañía de seis hombres. Sin embargo, las veinticuatro horas del día le alcanzaban para cumplir con todos. Sí, como lo lees, ¡veinticuatro horas!

Su sacrificio y preocupación la llevaban a acostarse una vez que todos habíamos llegado a casa. No importaba la hora. De madrugada o amaneciendo, cuando llegábamos y alzábamos la vista hacia el piso 9 del edificio donde residíamos, nos tropezábamos con la luz rojiza de la punta encendida de su cigarro. Allí estaba ella, vigilante y compañera.

Mi madre no era de fiestas. Recibía visitas de mis tíos —sus hermanos— con regularidad. Tampoco era de médicos. Jamás vi a mi madre visitar uno por alguna dolencia. Jamás la vi enferma o postrada en la cama. Esa racha solo fue interrumpida por los "calorones" propios de su edad, que resolvía con unas inyecciones que le aplicaba mi hermano José Luis.

Tiempo después encontró una diversión, por la coincidencia de los equipos de fútbol del colegio de tres de sus hijos: Rubén, Juan Carlos y tu abuelo Ricardo. Los partidos se disputaban los días sábados. Se preparaba toda la semana para disfrutarlos. Orgullosa de sus hijos, era nuestra admiradora número uno.

Paradójicamente, perdió la vida después de haber asistido a una fiesta, la celebración de los ochenta años de tu tatarabuela, Mamá Nena, como la llamaban por cariño. Durante el festejo se sintió mal y pidió acostarse. Así lo hizo.

Al regreso de la fiesta, entrando a nuestro apartamento, se desplomó con violencia sobre el piso. Cayó de forma tan brusca como nuestros sentidos. Mi padre y yo fuimos testigos.

Murió a los cincuenta y dos años, tres menos que la edad de tu abuelo al escribirte esta carta.

Hay varias anécdotas que describen el carácter impetuoso de mi madre, tu bisabuela Josefina. Algunas que resaltan su perseverancia ya que, a pesar de sus limitados estudios, fue capaz, por sí sola, de convertirse en una experta en resolver crucigramas. Otras, menos meritorias pero muy graciosas, como cuando disparaba todo su arsenal de groserías, generalmente a amigas nuestras, al atender el teléfono y no recibir respuesta del otro lado.

Mi madre era tan intensa que muchas veces nos reprimía a golpes para obligarnos a obedecer o en represalia por alguna de nuestras travesuras. La misma intensidad que vertió sobre el rostro de un hombre que se involucró en una pelea con mi hermano José Luis y con tu abuelo Ricardo, aun menores de edad, dejando caer una cachetada en la misma herida que minutos antes le habíamos propinado.

Años más tarde, ya adolescentes, por la impotencia de molernos a golpes y en respuesta a nuestro abrazo para evitarlo, su única salida era utilizar su grosero y cómico vocabulario. Muchas veces nos gritó "¡hijos de puta!", sin importarle que, de alguna manera, sus gritos fueran una ofensa directa a sí misma.

A medida que escribo, recuerdo algunas otras vivencias, pero no quiero extenderme. Sin embargo, debo advertirte que este relato es más que eso. Ha sido un ejercicio gratificante donde he podido identificar las virtudes que tenía mi madre y, más aún, advertir que me parezco más a ella de lo que yo mismo pensaba.

Aspiro a que esta carta sea para ti una píldora de historia que te deje la misma sensación de paz y alegría que me deja al escribirla. Deseo también que tengamos la oportunidad de compartir alguna anécdota, y contarte, sin adornos, episodios que te permitan tener una más nítida imagen de mamá.

Con este escrito doy inmensas gracias al Creador por permitirme recordar y compartir contigo las ocurrencias y valores de la mujer más importante en la vida de un hombre.

Deseo profundamente que esta carta no haya sido solo un anecdotario. Más bien, que recuerdes con vehemencia los aspectos que influyeron en ella para dejarnos tan temprano.

Recuérdala siempre, querido nieto, y —tal como te he escrito a propósito de mamá— vive tu vida con intensidad y entrega. Tanta, que los recuerdos de quienes lleguen a conocerte sean automáticos.

La existencia se construye día a día. No la desperdicies. Llena el recipiente de recuerdos de quienes te amen, no dejes que nadie lo haga por ti. Vívela conscientemente y guarda un pedazo de mi madre en tu esencia. Tú eres parte de su legado, yo también lo soy.

CUATRO NACIMIENTOS, CUATRO SENSACIONES

Naciste un día martes 24 de abril a la 1:49 p. m., después de un largo proceso de espera y dolor. Estuve presente el día de tu nacimiento, querido nieto. Debo decirte, sin temor a equivocarme, que ha sido el momento más sublime de mi existencia. Tu llegada le sumó ganas y años a mi vida.

Llegué a Puerto Rico procedente de Venezuela. Tu madre había llegado al menos mes y medio antes, como había planeado, para que tuvieras la nacionalidad estadounidense. Y, además de ello, para que tu abuela Luisa, quien tenía limitaciones para salir de dicho territorio hasta tanto se regularizara su situación migratoria, pudiera disfrutarte y conocerte antes de tu regreso a Panamá.

Tu nacimiento, por otra parte, fue una oportunidad para el reencuentro. Hacía un largo tiempo que no estábamos juntos tu madre, tus tías y tus abuelos maternos.

No puedo describir con precisión todo lo que se siente en el proceso. Había angustia, expectativas y un torrente de emociones que se quebraron en mis ojos cuando apareciste en escena y anunciaste tu llegada al mundo. Ver a tu madre guerrera en aquella labor fue toda una experiencia que respondió, con creces, mis incógnitas acerca de esa conexión especial que existe entre las madres y sus hijos.

Luego del protocolo lógico en estos casos, las enfermeras nos indicaron que podíamos cargarte. Tu padre te cogió en sus brazos y te llevó al encuentro de tu madre. Ver su mirada cruzarse con tu cara inocente fue una bendición. La misma que sentí minutos más tarde cuando te tuve en mis brazos por primera vez. El más puro sentimiento atraviesa el espíritu y se estaciona en ese rincón del alma donde solo el silencio habla.

Ya reinaba la tranquilidad del deber cumplido luego de la tensión por tanta espera. Sin embargo, horas más tarde, la felicidad se convirtió en preocupación ante el anuncio de que tenías dificultades al respirar, por lo que te trasladaron a la Unidad de Cuidados Intensivos. Tus padres estaban muy angustiados, todos lo estábamos. Pero al mismo tiempo yo estaba convencido de que aquella situación sería solo un proceso y de que todo estaba en orden. Te vi nacer, nadie me lo contó. Ver la fuerza de tu llanto y lo vivaz de tu inocencia me indicaba que todo estaría bien. Así fue. Dos días más tarde estabas en casa.

Cada nacimiento tiene su peculiaridad. No presencié el de mis hijas. En ese tiempo no estaba permitido, o al menos el doctor que atendía a tu abuela no lo autorizó.

Cada momento se siente diferente. Con tu madre, Patricia, fue un largo proceso que culminó con éxito, a pesar de que en el trabajo de parto hubo algunas dificultades por la posición en la que se hallaba, lo que pudimos constatar al ver su rostro maltratado. Era nuestra primera hija y las emociones se mezclaban con la ingenuidad e incertidumbre de nuestro estreno como padres. Era lógico, éramos muy jóvenes.

Luego llegaron los nacimientos de tus tías Daniela y Cristina, más rápidos y menos traumáticos, a pesar de que, a los pocos días de nacida, tu tía Daniela fue internada en cuidados intensivos durante casi una semana para tratarle una infección que, presumimos, contrajo al momento de venir al mundo.

Cada nacimiento nos regala nuevas sensaciones y una dosis de responsabilidad mayúscula. Ese primer encuentro me reconciliaba con la vida y me convertía en mi mejor versión.

Tres nacimientos, tres sensaciones diferentes que acariciaron mi ser. Tres nacimientos y tres relaciones que disfruté como nunca, creando historias diferentes con cada una. Hoy te sumas a esas sensaciones, como lo hará cada uno de mis nietos venideros.

Sin embargo, como ya te dije, tu nacimiento me tatuó el alma. Me caló tan hondo que reparó, sin reservas, ese rincón de mi espíritu donde solo el silencio habla.

No sé por qué razón —quizás se debe a la nostalgia que envuelve mis días, motivada por la distancia que me separa de la familia, o quizás por la soledad que me abraza—, pero esto que describo no es de razones: esto se trata de sentimientos. Y es lo que siento, querido nieto. Es tan así que un pasaje de tu carta astral, que mandé a preparar con motivo de tu nacimiento, manifiesta que tenemos una profunda relación. Que nos une un vínculo de vidas pasadas, donde tu abuelo actuó como tu benefactor en esos tiempos difíciles de nuestra historia. Creerlo o no, eso no es lo importante. Pero sí estoy seguro de que me tendrás siempre preparado para acompañarte en todos tus momentos significativos —buenos y malos— con mis acciones, con mi aporte, con mis consejos y con mi amor.

He pensado mucho en por qué el sentimiento es tan distinto cada vez y solo he logrado encontrar una explicación. Con los años, valoramos con mayor profundidad los momentos bonitos e importantes y nos entregamos sin disimulo a todas las sensaciones que nos regala cualquier evento. Con los años, nos damos cuenta de que un abrazo, una carta o unas palabras sinceras valen más que regalos ostentosos. Con los años, también vamos evolucionando con la misma velocidad que nos regalan los momentos vividos.

Por ello, querido nieto, lo que me encantaría dejarte en este relato es precisamente que valores cada momento como si fuera el último. Que vivas cada instante con la pasión infinita que te regala la juventud, pero con la sindéresis que solo la edad avanzada te brinda.

En definitiva, querido nieto, construye tu vida cada día y constrúyela de la mejor manera. Respeta y valora en profundidad lo que sientes, pues lo único que te acompañará en el ocaso de tu existencia son los recuerdos de aquellos momentos felices que disfrutaste con todos los afortunados que llegaron a conocerte.

LA HISTORIA DE UN CIEGO

Hoy te escribo a oscuras. Un apagón de dos días seguidos al momento de escribirte me tiene revisando videos que tengo grabados en mi celular y que me sirven de apoyo en los diferentes conversatorios donde comparto con mis jóvenes colaboradores.

El video acerca del que quisiera escribirte esta vez muestra a un individuo ciego sentado en la calle pidiendo limosna. La forma que tiene de comunicarse es mediante un cartón escrito que exhibe en sus piernas y que reza lo siguiente: "Soy ciego. Por favor, ayúdame".

Unas pocas personas se aproximan para dejarle algunas monedas. Al cabo de un rato, una elegante señora se acerca, toma el cartón y lo vuelve hacia ella para escribir un mensaje distinto que, al final, le reportaría al ciego un incremento importante de donaciones por parte de los centenares de sujetos que caminaban en la misma calle donde el ciego estaba postrado.

En el instante en el que ocurre ese episodio, el ciego, al sentir que la dama tomaba el cartón y no se iba, alargó sus manos y alcanzó a tocar sus zapatos. La dama había escrito lo siguiente: "¡Es un hermoso día y no puedo verlo!".

Como ya te anticipé, este mensaje motivó el acercamiento de centenares de individuos, que esta vez dejaron al ciego muchas monedas. Al final de la tarde, la misma dama se acercó al ciego y este —al reconocerla intuitivamente y corroborarlo tocando de nuevo sus zapatos, le preguntó: "¿Qué has escrito?". La dama respondió: "Tan solo escribí lo mismo, pero de una forma diferente". El ciego correspondió con un "¡Gracias!".

Este pequeño relato me permite recordarte el poder que tiene la palabra. La fuerza que tiene dirigirte a otras personas con respeto. La palabra, escrita o hablada, tiene un poder infinito y es la piedra que construye relaciones duraderas.

Usa las tuyas con juicio y amor. Una palabra, en atención a esta premisa, puede cambiarles el día a muchos y yo deseo profundamente que las tuyas tengan esa influencia y sean impecables. Que te sirvan para abrir caminos. Que las dirijas con respeto por el otro. Que elimines de tu vocabulario todo lo que te limite y denote negatividad porque, en definitiva, las palabras describen lo que pensamos y hacia dónde vamos.

En conclusión, querido nieto, si cambias tus palabras, cambias a tu favor el mundo que te rodea.

INTEGRIDAD

Te he manifestado en algunas de mis cartas el valor que tiene la honestidad y mi deseo infinito de que seas un hombre de bien. Con este relato, mi deseo se multiplica y aspiro a dejarte una nueva lección al recrear, con un pequeño cuento, la diferencia que existe entre honestidad e integridad.

Seguro que estarás confundido. Es lógico, querido nieto. Aún hay mucha gente que, a pesar de su avanzada edad, no distingue la sutil diferencia que hay entre estos dos conceptos y, como te expresé al principio de esta misiva, quiero que en tu trajinar por la vida te conviertas en un hombre de bien.

Un hombre honesto es alguien que actúa y mantiene una actitud acorde con la verdad en sus relaciones con los demás y con la sociedad. Ser honesto significa, principalmente, cumplir con el deber y actuar con respeto por la transparencia en todos los ámbitos de la existencia.

Hay un ejemplo gráfico, muy elocuente, que define en números el valor de un individuo. Te cuento. Le preguntaron a un matemático árabe el valor del ser humano y este respondió así:

Si es honesto y tiene ética, el valor es de 1.

Si además es inteligente, agrégale un cero y su valor es de 10.

Si también es rico, súmale otro cero y será 100.

Si sobre todo eso es, además, una buena persona, agrégale otro cero y su valor será 1000. Pero si pierde el 1, el que corresponde a la honestidad, perderá todo su valor, pues es claro que quedarán los ceros.

En conclusión, querido nieto, sin honestidad ni valores éticos no queda nada, tan solo cascarones vacíos donde se esconden los malos y los corruptos.

Ahora bien, regresando al motivo de mi carta, y conociendo *a priori* la definición de honestidad, estarás pensando que es similar a la de integridad, tanto así que, si revisas un diccionario de sinónimos, ambas palabras están relacionadas. Pero no es así, existe diferencia. El relato siguiente, que es un resumen de una conferencia de Yokoi Kenji, me ayudará a explicarlo.

Un hombre se encontraba en un hotel de paso y ordenó una pizza a domicilio. Cuando llegó el pedido, la mujer que lo acompañaba, al abrir la caja, se topó con una cantidad de dinero superior a los mil dólares. No llegó la pizza, evidentemente hubo una equivocación.

La mujer, contenta, le explica al hombre el contenido de la caja y comenta la suerte que ambos tienen, pues eso les permitirá planificar nuevas aventuras juntos. No obstante, y para su asombro, el hombre refuta a la mujer y le indica que es evidente que hubo una equivocación y que el dinero hay que devolverlo. La mujer, atónita, le reclama airada al hombre su decisión, a lo que este le espeta: "¡Mi padre me enseñó que, cuando uno se consigue algo y no es suyo, es de alguien más y por ello hay que devolverlo!". Acto seguido, el hombre llamó a la pizzería y explicó lo sucedido, con el consecuente beneplácito del dueño, al poder recuperar el dinero perdido por un grave descuido.

Al rato, el hombre se presentó al restaurante, devolvió el dinero y recibió un caluroso agradecimiento, acompañado de una invitación a la radio para hacer del conocimiento público un acto tan honesto y entregarle una pequeña recompensa.

Ante la invitación, el hombre, agradecido, declinó, argumentando que, aunque le encantaría ser homenajeado y erigirse como un ejemplo a la sociedad, el tiempo no se lo permitía. El dueño del restaurante insistió de manera vehemente y, visto esto, al hombre no le quedó más remedio que confesarle: "Disculpe usted, de verdad me encantaría, pero lo que sucede es que la mujer con la que ando no es mi esposa y usted comprenderá que no puedo permitirme que se enteren de mi infidelidad a través de la radio".

He aquí la diferencia entre la honestidad e integridad. Honestidad es lo que se hace, pero integridad es lo que se es. Honestidad es lo que dices, pero integridad es lo que piensas. Honestidad es como actúas en público, pero integridad es lo que haces cuando nadie te ve. ¡Esa es la diferencia, querido nieto!

¿Quién puede dudar de que aquel hombre fuese honesto al devolver el dinero? Pienso que nadie. En esto estamos claros y con seguridad coincidimos, pero todo acto de honestidad debe estar acompañado de un guion completo que reivindique el comportamiento humano en todos los ámbitos y, lamentablemente, por la forma como termina el relato es evidente que no ha sido así.

En consecuencia, integridad implica ser honesto en todo momento y, lo que es más importante, actuar con la verdad aun cuando tengas la ventaja y solo tú te puedas ver y juzgar.

En mi profesión, el valor que tiene la integridad es una condición *sine qua non* para nuestra credibilidad profesional. Yo te invito, querido nieto, a que esta cualidad esté pintada en tu norte de actuación, lo que con certeza aportará a la construcción de una mejor sociedad y de un mejor mundo por vivir y compartir, donde el respeto por la verdad y la moral estén por encima de los fantasmas de la corrupción y de los egos sin sentido.

En definitiva, te invito a que dejes tu huella y el mejor legado para tu futura descendencia.

OSCURIDAD

Hoy te escribo desde las alturas. Un viaje afortunado de trabajo me lleva a tu encuentro durante una semana. El vuelo 222 con destino a Panamá te pondrá en mis brazos de nuevo.

Ya llevo casi tres meses sin verte y mi alma solitaria necesita el calor que me regala tu abrazo. Este viaje también coincide con el final de una semana a oscuras, originada por un apagón que ensombreció los hogares de millones de venezolanos a lo largo y ancho del país. La falla eléctrica ocurrió el jueves 7 de marzo y, en mi caso, se prolongó hasta el viernes siguiente, 15 del mismo mes, cuando, en horas de la noche, recibí la buena noticia de que el servicio eléctrico había sido restablecido en mi zona. Claro que fue una gran tranquilidad, pero debo confesarte que me sentí extraño en lugar de sentir júbilo. Vivir con tamaña incomodidad durante ocho días es desesperante; sin embargo, debo decirte que la clave para resistirlo fue aceptarlo.

Saber que la situación era generalizada y que restablecer el servicio llevaría cierto tiempo obró a mi favor y me invitó a centrarme en cómo debía actuar ante esa contingencia y, en definitiva, a amoldarme a una circunstancia que nadie podía controlar.

En aquella dramática situación no se avecinaba un pronto final y había que dejar que las cosas volvieran a su lugar. Por supuesto que había rabia y frustración. Sin embargo, querido nieto, te comento que también le di espacio a la paz, a la tranquilidad y a un sinfín de muestras de solidaridad de muchas personas —incluso no cercanas— que mostraron su mejor cara para ayudar a tu abuelo en esos días difíciles.

Pero no todo fue color de rosa. Los primeros dos días fueron duros, al hallarme prácticamente incomunicado y no tener a la mano un inventario de comida suficiente para esa circunstancia. Mi cocina es eléctrica; por lo tanto, cocinar no era posible. Tampoco era opción abrir la nevera ni el congelador pues, conociendo que la falla era grave, solo así podría conservar la comida refrigerada durante más tiempo.

Comí poco durante ese tiempo y eché mano de unas barras de proteína y cereales que por fortuna me salvaron durante las primeras veinticuatro horas. El segundo día, tuve acceso a un desayuno decente en una panadería que estaba abierta; en la tarde corrí con la misma suerte, pero pagando la comida a un valor muy superior al precio regular. El no tener contacto con la familia y sentirme completamente solo y aislado de la solidaridad de gente cercana me empujó a un estado de tristeza inicial que pude combatir revisando mi historial de fotos y videos, en muchos de los cuales eras el protagonista.

Debo admitir, querido nieto, que en esas horas de oscuridad hubo tristeza y algunas lágrimas, pero —como siempre te he mencionado— los malos momentos siempre estarán presentes en nuestras vidas. Lo importante es la cara con la que los enfrentemos.

Es lógico que, ante una situación tan adversa y con un contenido emocional tan fuerte, nos agobiemos. Sin embargo, la clave es enfrentarla. Es lógico que la tristeza nos toque a la puerta, lo que no es aceptable es estar triste siempre. Y ese es precisamente el primer comentario que quiero dejarte. Ante una situación similar o de otro tipo que invada tus emociones de forma abrupta, debes poner la razón a trabajar. Solo hay un par de opciones ante una situación adversa. Si la solución depende de ti, debes ponerte en acción para ocuparte en resolverla. Si, por el contrario, no depende de ti, debes aceptarla. Analizar el momento. Meditar sobre qué es lo peor que te puede pasar. Con qué cuentas. Por lo regular, cuando anclamos la situación identificamos salidas que se ocultan cuando dejamos que la desesperación nos gane la partida.

Pregúntate mil veces qué es lo peor que te puede pasar y te aseguro que tus acciones y tu sentir estarán alineados con una mejor realidad y un mejor panorama para los días por venir.

Cuando te digo que aceptes, te pido que no sucumbas al malestar y a la indignación que produce el colapso de los servicios públicos causado por un gobierno corrupto e incapaz. Te pido que te centres en el presente y en las opciones que tienes a mano para manejar y mitigar la situación.

En mi caso, me hallaba sin comida apropiada para situaciones de emergencia, sin posibilidad de cocinar la que tenía refrigerada y con la conciencia de que, al paso de los días —máximo tres— esta se dañaría. A esta situación se sumaba la falta de solidaridad de mucha gente cercana que, conociendo mi situación debido a los pocos contactos que tuvimos y, en algunos casos, con el servicio eléctrico restablecido, no me ofreció apoyo en esos momentos tan difíciles de los días iniciales.

Con el dolor y la sorpresa a cuestas, llegó el tercer día, y ya me sentía fuerte ante la adversidad. Seguramente te estarás preguntando: "¿Cómo pudo mi abuelo sentirse fuerte en medio del caos en que vivía?". Pues tan solo acepté la situación y recordé que había muchas personas en peor situación que yo, que por fortuna estaba solo para afrontarla y que la mejor forma de encararla era dependiendo en exclusiva de mí. Una vez en esa ruta y entendido el momento, evité quejarme y juzgar a otros. Al fin y al cabo, contaba con agua almacenada en recipientes de cinco litros y pude llevar mi comida refrigerada a buen resguardo en casa de tu tía abuela Ivette.

En este punto de la situación, había ganado la partida y solo me quedaba liderar con el ejemplo.

Llegó el primer día de trabajo y las muestras de solidaridad no se hicieron esperar. Fue gratificante para mí recibir tantas muestras de cariño de mis jóvenes colaboradores, acompañadas de raciones de comida que me traían desde sus casas. Fueron gestos que me conmovieron y se me tatuaron en el alma. Gestos que pintaron de colores y repararon las profundas cicatrices que me había dejado el desinterés de algunos, que se ahogaron en un egoísta "sálvese quien pueda".

Pero así son las cosas, querido nieto: azules y grises se mezclan en nuestro camino. Yo te invito a que, en el tuyo, resaltes lo positivo y las muestras de afecto y entierres las malas sensaciones que dejan el egoísmo o la indolencia. Quédate con lo primero. Lo segundo, que te sirva de aprendizaje. Que te recuerde que para corregir algo solo dependes de ti mismo. Que te recuerde que para crecer y ser mejor persona solo debes compararte contigo mismo. Al final, las muestras de apoyo colmarán tus días.

Esta tragedia también nos mostró las dos caras de una misma sociedad. Una, la de seres perversos que se aprovechan de la desgracia ajena y sacan provecho económico de una situación. Esto me parece un acto vil y condenable en todos los sentidos. Sobreprecios en los alimentos, pagos en moneda extranjera son algunos ingredientes de nuestra desgracia.

La segunda cara es la de la solidaridad. La de dar para sumar y proteger. La de apoyarse para equilibrar las cargas. La de ayudar al más necesitado. ¡Esa es la cara que quiero que portes!

Las realidades que se presentan para cada uno también son distintas. Mientras que para algunos, como tu abuelo, su mayor escollo era bañarse con un tobito de agua fría, otros, no pocos, jamás se han bañado en regadera y su ritual diario es bañarse de la forma que te acabo de referir.

Esto me impulsa a decirte y reiterarte que la realidad de cada quien es distinta y que debes procurar respetar siempre el punto de vista del otro. Además, recuerda que la forma como decidas mirar al mundo es personalísima. Yo elijo para ti que la mires de forma positiva.

Estas calamidades que se nos presentan, querido nieto, son mejor llevadas por aquellos que enarbolamos la bandera de los valores. En mi caso, después de un par de días difíciles, decidí dar un paso al frente y retomar el trabajo a pesar de las dificultades. A eso lo llamo yo liderar con el ejemplo. Bien dicen que la palabra convence, pero el ejemplo arrastra. Soy un convencido de eso.

Por ello, y con la mejor actitud, encaré los episodios diarios de trabajo con entusiasmo, con ganas, con puntualidad y dejando un mensaje claro a mis colaboradores.

Ante un mal momento, buena cara es necesaria. Soy un convencido de que, cuando hacemos el bien, la vida nos trata de igual forma. Lo sucedido en esos días lo confirma.

En definitiva, querido nieto, sé el ancla de muchos en los momentos difíciles y haz el bien siempre. Esto último —te lo aseguro con la misma convicción de la inmensa ternura que por ti siento— la vida te lo recompensará.

UNA SEMANA INOLVIDABLE

Te escribo estas cortas líneas un día después de mi regreso a Venezuela. Compartí contigo ocho maravillosos días, aunque nunca suficientes como para estar presente en todos los momentos importantes de tu incipiente vida. Un viaje de trabajo me llevó a tus brazos de nuevo y, al mismo tiempo, me restó tiempo contigo. Pero de eso se trata la existencia, querido nieto: estamos en un sube y baja emocional constante, de allí la importancia de disfrutar al máximo de aquellos que nos acarician el alma. Tú representas eso en la mía. Tú eres anestesia para mis tristezas, abrazo para mi soledad, memoria para mis nostalgias.

Eres lo sublime y la vitamina para mi espíritu. Esa misma que sonríe al recordar los episodios de una semana donde me premiaste al poder ver tus primeros pasos. Aún no caminas, pero pronto lo harás. Una tarde, al llegar de trabajar, nos regalaste a tu madre y a mí unos pasos inocentes. Sonreímos y lamentamos no haberte filmado. Fue muy repentino y natural.

A mi llegada estabas dormido y, al despertar, tu humor soñoliento no fue benévolo conmigo. Al paso de los minutos me fuiste reconociendo y la sonrisa cómplice se hizo presente.

Ya son once meses de vida y debo decirte que es increíble cuánto has crecido. Eres más autónomo y, en consecuencia, menos dependiente de los afectos, entre ellos el de tu abuelo. Eres un niño fuerte y feliz. Tus padres han hecho un gran trabajo y me complace presenciarlo.

Tus días comienzan muy temprano. Las cinco y media de la mañana es tu hora favorita para reclamar la presencia de tus padres y comenzar la fiesta diaria. Ellos se turnan para buscarte en tu cuarto y te llevan al suyo para ganarle unos minutos más al amanecer.

Uno de esos días me anticipé al oír tu quejido mañanero. Fue fulminante advertir tu mirada soñolienta, tu media sonrisa al ver que iba a tu rescate y sentir la postura de tu cabecita en mi hombro como recompensa por haberte sacado de la cuna. Una bendición. Hacía mucho tiempo que no amanecía con un abrazo.

Te llevé a la cocina, hicimos café juntos y recogí la persiana ante tu mirada atenta, seguramente para memorizar el procedimiento y hacer uso de tu inocente curiosidad durante los días venideros.

Esa rutina comienza con un predesayuno —comes completo en la guardería— sentado en una silla especial, acompañando a tus padres y compartiendo las alegrías de la mesa y el agradecimiento por un nuevo día. Te alistan para salir y, en medio de ese trajín, hay tiempo para ver videos educativos que a diario van mostrándote el mundo en diferentes idiomas. Los disfrutas muchísimo. Tienen un imán especial, pues ese período de entre diez y quince minutos de duración te mantiene en completa atención. El reflejo de tu rostro al verlos presagia excelentes resultados.

Una vez listos, el viaje a la guardería se inicia con la lucha diaria para sentarte en la silla del carro. Resulta demasiado divertido ver cómo te resistes a sentarte y te ríes a carcajadas mientras impones tu naciente fuerza para impedirlo. Saltas como queriendo jugar y ríes como si te hubieran contado un chiste. Esto me tomó por sorpresa la primera vez; sin embargo, aunque no resultó nada fácil, lograba convencerte al distraer tu atención con mi teléfono móvil, al ponerlo en tus peligrosas manos, al mismo tiempo que te ajustaba a la silla.

Te cuento que la silla del carro no es tu sitio favorito. No obstante, mi tonta versión de una canción infantil increíblemente aplacaba tus quejidos. Lo que sí disfrutas al máximo es comer pasitas. Las comes una a una y te deleitas de tal manera que hace que nos provoque comerlas también. Las comes tan rápido que muchas no las procesas y aparecen recicladas al momento del cambio del pañal.

El baño nocturno también es un ritual. Tus padres lo anuncian y tu respuesta automática es gatear con rapidez hacia el baño, donde tu madre te espera.

Durante mi estadía, jugamos a la pelota, visitamos el parque infantil del edificio donde vives, sacamos todos los juguetes de la caja dispuesta para guardarlos y los compartimos con la brevedad de tu impaciencia por tenerlos todos. Uno de tus favoritos es un libro de plástico duro que abres y cierras al mismo tiempo que gateas. Tienes inclinación por el uso de tu mano izquierda, aunque dicen que la tendencia es definitiva a partir de los cuatro años de edad.

Hablando de gatear, tu estilo es muy particular. Más bien, diría que es gracioso. Cuando el piso donde transitas no es placentero para tus gustos (como la grama artificial del parque del edificio donde vives), gateas sin apoyar las rodillas. Lo recuerdo y sonrío. Esa técnica del gateo en pisos no deseados demuestra la fuerza de tus brazos y asoma el ímpetu que anhelo que tengan tus convicciones al perseguir tus metas. La de gatear, definitivamente es una técnica tan graciosa como la de chocar la palma de tu mano con la mía o la de, ante mi pedido de "puñito", chocar tu frente con mi puño receptor.

Como puedes leer, hay un sinfín de momentos que, aunque no llegue a relatarlos todos, están tatuados en mis recuerdos más profundos. Esos que valoramos con mayor intensidad con el paso de los años.

Precisamente esa es la clave de la vida y de ser felices: transformar los momentos vividos en una oportunidad de alegría y de recuerdos que, de manera indefectible, moldearán tu carácter y te formarán un escudo para cuando las tristezas visiten tus días.

Para terminar esta carta te dejo uno, de muchos. Una sorpresa que me hizo sonreír y sembró en mi día un sentimiento sublime, ese que estoy seguro de que, a pesar de la distancia y de la lógica separación, cuando vayas creciendo tus padres te irán inculcando por todos tus abuelos y familiares.

Esa sorpresa consistió en la impresión de tu manito pintada en un pedazo de papel, que tu madre colocó en mi equipo *laptop* de trabajo. Un gesto de amor que garantiza el trabajo de tus padres en formarte como una persona de bien y en sembrarte el amor por la familia. Ese gesto no tiene desperdicio en mi alma y, tal como te escribí un día, refuerza aquella conseja que dice que la vejez es un pacto honrado con la soledad.

En mi caso, no estaré tan solo. Tu huella estará siempre conmigo, acompañándome cuando mi mente, por el lógico paso de los años, se ausente.

QUEMA TUS NAVES

Hoy te quiero escribir sobre un tema que por lo común afecta a muchos jóvenes profesionales y diría que a una gran parte de la sociedad en general. Mi consejo se refiere a cómo alcanzar tu máximo potencial en el ámbito profesional, aun cuando estas reflexiones son aplicables, a la perfección, a todas las esferas de la vida.

Para referirme a esto, existe una leyenda que involucra al explorador español Hernando Cortés, quien llegó a costas mexicanas en el año 1519 para enfrentarse al ejército azteca. La leyenda cuenta que, después de descargar todas sus provisiones, incendió sus propios barcos. Sus soldados, al percatarse de esto y sentir que no había forma alguna de retirarse, lucharon muy duramente y ganaron. Te sonará muy alocado semejante relato, pero en realidad el sentido estratégico de semejante acción nos revela conceptos claves de la existencia que te ayudarán mucho en la búsqueda de tu potencial.

Te preguntarás: ¿qué sentido tiene enfrentar a un enemigo superior y no darme la posibilidad de emprender la retirada cuando la situación sea difícil e irreversible? *El arte de la guerra*, un libro antiquísimo, te da la respuesta.

En ese texto, su autor enuncia que debes "... construir para tu oponente un puente de oro para que se retire a través de él". En este sentido, si el enemigo siente que está atrapado por todos los flancos y que no tiene salida —al igual que lo sucedido con el explorador español— encontrará el coraje, el valor y la fuerza para luchar con gran intensidad y triunfar. Está en una situación de vivir o morir. No tiene otra opción y debe resolver. Si resuelves, triunfas. Si, por el contrario, mantienes abiertas otras opciones, estas le restarán fuerza y determinación a tu causa y, en consecuencia, habrás fracasado por rendirte ante la simpleza y la comodidad.

Toda esta reflexión me lleva a decirte que, para tener éxito en la vida, debes asegurarte de que no haya otras alternativas que te desvíen del objetivo a alcanzar, lo que significa que debes actuar bajo la premisa de quemar tus naves.

Esforzarte al máximo y poner al límite tus capacidades con la convicción irrenunciable de crecer o crecer te dará acceso al poder infinito que esconde tu alma creativa y desarrollará tu mejor versión.

Ejemplos hay muchos que pueden poner de relieve esta idea de la no marcha atrás. Uno muy peculiar es actuar siempre conforme a la hipótesis de que, si quieres bajar de peso, por ejemplo, debes comprarte ropa de menor talla y desechar la anterior para que no tengas otra opción. Esta situación te lleva al límite, ya que o bajas de peso o simplemente no tienes cómo vestirte.

Te pongo otro ejemplo. Fíjate en mi caso. Al quedarme solo, no tenía la mínima noción de cómo cocinar. Sin embargo, no tenía más alternativa que hacerlo. Si no cocinaba, no comía, y si no comía estaría en graves problema. Tuve que quemar mis barcos y aprender el oficio básico de cocinar. No había otra opción. Es por ello por lo que te pido que no esperes a quemar tus naves, más bien actúa conforme a ese lema.

Sé que seguirás pensando que los relatos y ejemplos son muy alocados, pero insisto en que actuar de acuerdo con esta premisa te garantiza resultados muy favorables. Por supuesto que cuando emprendes un objetivo te visita el miedo. Eso es completamente normal. Puedes ser experto en un tema; sin embargo, al momento de compartirlo en público, con seguridad te invadirá el miedo. Pero debes entender que este sentimiento es indispensable para tener éxito. En pocas palabras, el miedo es el equivalente a los barcos quemados o la ropa de menor talla.

Nuestra propia condición humana y los avatares de la vida nos ponen sobre el tapete la palabra "fracaso". Sin embargo, como tantas veces te he comentado, fracasar supone no tener éxito nunca y eso no es cierto. Tan solo le tenemos miedo y es precisamente ese miedo la fuerza que nos impulsa a sacar a relucir todo nuestro potencial, ideas y creatividad.

Es lógico que no pretenda que llegues a límites inusuales de estrés o lo que hemos denominado "la quema de las naves". Preferiría que no tuvieras que echar mano de esto, pero sí te pido, de corazón, que actúes siempre en concordancia con esta premisa y te alejes de la flojera y la inacción. Esto te garantiza sacar lo mejor de ti desde el principio y navegar la ruta con una ventaja inicial tan grande que, en caso de algún fallo, puedas corregirlo sobre la marcha y seguir con la misma fuerza y convicción.

Para redondear mi idea sobre cómo activar tu potencial, en mi camino hacia la certificación como *life coach*, investigué sobre acciones diversas que nos impulsan a ello y que deseo compartir contigo en esta carta, enumerando los pasos que te ayudarán a lograrlo. Estos son:

Toma conciencia del poder de tu mente. Es el primero de los grandes secretos para descubrir tu potencial. Tu mente subconsciente tiene un poder ilimitado para crear. Solo tienes que activarla, solo tienes que desearlo con pasión, con fe inamovible, sentirlo. Tu mente subconsciente no tiene filtros, acepta lo que le dices y no juzga, actúa en concordancia con la forma como pienses. Si piensas con amor y abundancia, eso es lo que tendrás. Por el contrario, si tus sentimientos son de odio y envidia o si eres pesimista, estarás en problemas. Lo que pienses determina el rumbo de tu vida. Los pensamientos que tienes se imprimen en tu mente subconsciente, ella los acepta, no discute, tan solo ejecuta. Imagina lo que podrás alcanzar si los tuyos son positivos, llenos de paz, abundancia, amor y armonía.

Adopta una actitud de crecimiento. Cree en que puedes esforzarte para mejorar tu potencial y el nivel de tus habilidades. Acepta los errores y las críticas y aprende de ellos. No creas que las capacidades son inamovibles o inalterables. Tener una disposición hacia el crecimiento te conducirá a mejorar tu motivación y desempeño en diversos contextos.

Enfrenta tus miedos. Evita preocuparte demasiado por el fracaso. Fracasar supone no tener éxito nunca. Eso no es cierto. En su lugar, adopta la idea de que puedes aprender de tus errores. El éxito a menudo sobreviene tras muchos intentos.

Determina cuáles son tus valores claves e identifica si concuerdan con la organización donde trabajas. Para que puedas descubrir tu potencial, debes saber cuáles son tus valores claves y tienes que vivir de acuerdo con ellos. Los valores son aquellos que definen cómo te ves a ti mismo, a los demás y al mundo que te rodea. Algunos estudios sugieren que, si vives en concordancia con tus valores o alineado con aquello que es importante para ti, la vida te parecerá más significativa y tendrás una sensación de bienestar profundo. Si sientes que algunos aspectos de tu existencia no concuerdan con tus valores, piensa en cuáles son y fíjate en si son áreas en las que quisieras cambiar.

Ajusta tu discurso interno. Mantén todo lo que hablas en tu interior centrado en la buena información y los buenos resultados. Tu discurso interior refleja tu imaginación, y tu imaginación es tu vínculo con la intención.

Piensa desde el fin. Interioriza la sensación del deseo cumplido y mantén esa visión con independencia de los obstáculos que surjan.

Inspírate observando a otros. Fíjate en aquellos individuos que, en tu opinión, hayan descubierto todo su potencial o que sean el tipo de persona que quisieras ser. Observa de qué manera se comportan, cómo piensan y adopta los aspectos que te agraden más. La inspiración que te den contribuirá a que descubras tu propio potencial.

Medita. La meditación es la única forma de crecer, porque cuando meditas estas en silencio, sin reflexión. Es entonces cuando tiene lugar el crecimiento de la conciencia.

En definitiva, querido nieto, recuerda siempre, para todos los proyectos de vida que emprendas, actuar bajo la premisa de quemar tus naves, asumir la responsabilidad desde el principio y ser un hombre exitoso.

HIJO, GÁNESE LA VOLUNTAD

En algunas oportunidades te he comentado acerca de la situación venezolana y de cómo esto ha producido la migración de millones de compatriotas a diferentes destinos alrededor del mundo. Es lamentable ver cómo tantos jóvenes escapan de nuestra realidad actual buscando un mejor futuro y crecen en una sociedad distinta a la que los vio nacer, pero que al mismo tiempo les ofrece miles de posibilidades de vivir en paz y de poder aspirar a conectarse con un futuro promisorio en lo relativo a su trabajo.

Tus padres y tías no han sido la excepción. La han sufrido al igual que muchos otros, quienes entrelazan historias y nostalgias y se debaten entre la añoranza de un país perdido y las nuevas oportunidades en un país desconocido.

Nos ha tocado vivir nuestro proceso como familia, pero en ese universo tan disímil hay historias que conmueven, son dignas de admiración y en las cuales el ingrediente principal es la educación que han recibido esas personas de sus padres. Sin duda, este es un factor esencial; no obstante, la actitud que muestras al confrontarte con realidades tan distintas es lo que marca la diferencia. También el dejar atrás o más bien apartar tus raíces y enfilar tus objetivos hacia la adaptación a una nueva cultura y a la idiosincrasia de la nueva sociedad.

Esto último me recuerda una conversación que tuve con Carlos, un buen amigo de tu padre, quien se llevó sus ganas a Panamá bajo un lema heredado de su madre, quien una vez le dijo: "Hijo, gánese la voluntad".

La historia de Carlos, como la de tantos otros jóvenes, contiene drama y mucho aprendizaje. Él quería ser protagonista de su vida, pero a su llegada a Panamá se encontró con una casa vacía por completo, lo que lo llevó a declarar ese día como el más amargo de su existencia. Le gustaba comer bien, pero para sus compañeros de vivienda aquello no era prioridad. Fue rechazado en varias entrevistas de trabajo, lo que desencadenó —como él mismo lo llamó— una golpiza emocional.

Sin embargo, a pesar de la situación adversa, decidió dar un paso al frente y ser un agente de cambio. Sus compañeros, algo pasados de peso, se juntaron bajo su dirección en una rutina diaria de ejercicios que los benefició y que a la postre fue el punto de conexión para que se unieran más personas, al ver los resultados inocultables del régimen de ejercicios, algo que, en definitiva, le reportaría una fuente de ingresos que se fue incrementando al emprender en otras ideas relacionadas con esta actividad.

Sus claves para sortear los obstáculos que se le presentaban fueron no conectarse con la emocionalidad y encarar su futuro con disposición y buena actitud.

Y yo coincido con esas claves, querido nieto. El no conectarse con la emocionalidad tiene sus ventajas. Esto significa enfocarse plenamente en su nueva realidad y encarar con entusiasmo la construcción de su nuevo futuro. Uno mejor. Uno que valga la pena y rubrique la decisión de haber dejado atrás su país natal, donde tenía todas las comodidades.

El no conectarse con la emocionalidad es también un recordatorio de lo que tantas veces te he escrito y que no me cansaré de repetir: la tristeza puede presentarse vestida de desesperación y desencanto; ¡lo que no es admisible es estar triste siempre!

Si esto sucede, recuerda esta historia o pide a tus padres que te cuenten la suya. Conviértete en el protagonista de tu vida, siendo un agente de cambio y apostando siempre a tus cualidades.

La historia de Carlos es un ejemplo, entre muchos. Una historia que encierra valores fundamentales y que premia a aquellos valientes que viven la existencia con sus subidas y bajadas, con la bandera del aprendizaje y la humildad, así como con los recuerdos de una tierra que, por desgracia, han dejado atrás.

En definitiva, querido nieto, aprende a vivir con la mejor actitud y adáptate a los cambios que se te presenten. Vive tus experiencias con la misma pasión de tus años inocentes y, cuando lo necesites —por los rigores mismos del arcoíris de la vida—, ponle pausa a conectarte con la emocionalidad.

ATRÉVETE

La conocí en la universidad: cálida, sencilla y con una sonrisa que disipó todos mis fantasmas.

Yo repetía el primer año de la universidad y, por esas cosas del destino, ella se cruzó en mi camino. Sin conocerla, la pensaba. Sin hablarle, la quería. Así fue el inicio de mi amor.

No recuerdo con exactitud el comienzo de todo, pero se dio y, con un grupo de amigas, empezamos a estudiar juntos. Mis escasas ganas y mi andar introvertido eran causa poderosa para que así hubiera sido. Aun así, la soñaba.

Tenerla tan cerca, valorar profundamente su sonrisa y su esencia desvaneció mi timidez y un día cualquiera le confesé mi amor. Una declaración poco oportuna, pues no había habido un mínimo gesto mío previo que confirmara mis palabras. De hecho, sabía que no tenía opción alguna de aspirar a ser su novio. Tanto así que no se lo pedí. Tan solo le confesé que me gustaba, que entendía que podía estar sorprendida y que no esperaba una respuesta de su parte. Solo deseaba que lo supiera.

Tu abuela, seguramente sorprendida, sintió vergüenza. Recibir tamaña confesión, a pesar del escaso contacto que habíamos tenido como compañeros de estudio, era algo ilógico. Se limitó a decirme que en esos momentos pasaba por una situación familiar que le impedía pensar en otra cosa. No hubo más palabras. Nunca pretendí que las hubiera. Solo quería liberarme de un sentir profundo, no compartido hasta ese instante, pero que formaba parte de mis días.

Lo precipitado y sorpresivo de mi declaración fue el detonante para, meses más tarde, hacernos novios un día 15 de agosto.

Puede parecerte una historia extraña, pero así sucedió. Mi confesión abrió las puertas para ganarme, al menos, su mirada y su respeto. Compartir tiempo, siempre en grupo, aceleró nuestra curiosidad y el acercamiento. Al fin y al cabo, yo había mostrado mis cartas muy temprano y poco a poco sentí cómo tu abuela mostraba las suyas.

Este relato sabes cómo termina. Al momento de escribirte esta carta hemos construido una familia sólida y maravillosa. Treinta y cuatro años juntos, treinta de casados que se expresan en tres hijas y en tu llegada: la de nuestro primer nieto.

Ahora bien, con este pequeño relato de una historia tan larga deseo destacar algo que seguramente he dejado colar entre mis cartas: la importancia de ser sincero y de expresar tus sentimientos y emociones sin temor. No hacerlo te puede cerrar las puertas a vivir experiencias maravillosas y llevarte al encierro en tu propio tormento. Atreverte es una condición imprescindible para iniciar el camino que te conduzca a encontrar el amor en su máxima expresión. Yo me atreví y aún lo vivo con la misma intensidad de nuestros años adolescentes.

Lo mismo sucede con los actos diversos de la vida. En los estudios, en el trabajo. Atreverse es el primer escalón que te inyecta el valor para hacer algo que puede representar un riesgo y nos infunde temor. No obstante, es —al mismo tiempo— la fuerza liberadora de tus deseos para conseguir un logro que, en definitiva, sume méritos a tu existencia.

Mi atrevimiento sumó felicidad a la mía y hoy se multiplica con tu presencia. Es el mismo atrevimiento que demuestro al escribir este libro y dedicarte cada línea, cada experiencia y cada valor que espero vista tus días.

Ese mismo valor sigue sumando momentos sublimes a mi vida con tu llegada y la de mis nietos venideros. Es el mismo que, como siempre he prometido, alcanzará para amar a tu abuela más allá de la eternidad.

TU MEJOR GOL

Nunca te he comentado de mis éxitos deportivos. En términos individuales no hay nada destacable, pero por fortuna he formado parte de equipos competitivos que han marcado de alegría mis recuerdos.

El que atesoro como más satisfactorio tuvo lugar en mis años juveniles, representando al Colegio San Agustín de El Paraíso. Un equipo que, a pesar de nuestra juventud y escasa disposición física (altura principalmente), se las ingenió para ganar títulos durante años consecutivos, mis dos años como juvenil. Toda una proeza en esa categoría, teniendo en cuenta que nos enfrentábamos a grupos de mayor experiencia y con una fortaleza física envidiable.

Nuestro equipo contaba con dos "enanos" fuera de serie. Un centrodelantero pequeñito y rápido llamado Nicanor y un mediocampista ofensivo y talentoso llamado Carlitos. Ambos se juntaban para brindarnos delicias técnicas que solo se explican por haber jugado tantos años juntos. Eran imparables. El resto, buenos jugadores y muy disciplinados. Cada uno cumpliendo su rol. El resultado de ello se cuantifica en dos campeonatos ganados y un solo juego perdido.

Tu abuelo Ricardo formó parte de ese equipo. Jugaba casi siempre como lateral derecho. Hacerme de un puesto requirió mucho esfuerzo y comerme el banco muchas veces —más de las que creía merecer—. No obstante, fui siempre muy disciplinado, lo que implicaba asistir a los entrenamientos y aprovechar al máximo las primeras oportunidades con la misma pasión con la que comparto mi experiencia contigo.

En esto, la paciencia es primordial en la espera de esa primera oportunidad. Recuerda siempre que la mayoría de cuanto consigas en la vida lo obtendrás con tiempo y esfuerzo. Si no me crees, revisa la historia de tus atletas preferidos y entenderás que la paciencia y la disciplina son los factores que predominan.

Otro recuerdo, más reciente, fue el equipo de fútbol de veteranos del Caracas Sport Club. Un equipo muy competitivo con el que gané un par de títulos más. Éramos un grupo equilibrado pero, más que eso, muy unido, y entre nosotros reinaba el respeto y el compartir los minutos posteriores al juego.

Esa etapa la disfruté muchísimo ya que —con mis cincuenta años a cuestas y jugando contra delanteros que promediaban los cuarenta— supe imponer mi experiencia y ser considerado una pieza importante en la defensa. Esta afirmación no es mía. Sería poco humilde decirlo, pero sí recuerdo con orgullo haber sido elegido informalmente por algunos de mis compañeros el jugador más valioso de una de las finales en las que participé, juego que ganamos 2 a 1, que comenzamos perdiendo y donde nos tocó remontar. Esos campeonatos los pude compartir con dos de mis hermanos, Juan Carlos y Rubén, quienes también formaban parte del equipo.

Ese mismo compartir y la pasión que nos unía por el deporte nos animó a armar un equipo de *softball* en el cual nos juntamos todos los hermanos y familiares, reforzados con algunos amigos.

Fue un equipo que nunca desentonó a pesar de nuestra escasa experiencia. No llegamos a ser campeones, pero nuestra tenacidad y hermandad —y el aporte de algunos buenos jugadores— nos llevó a una final que perdimos en dos disputados partidos. La clave de este equipo era el apoyo constante de cada integrante, la camaradería y nuestro gen competitivo, que nos impulsaba a hacer un buen papel. Esas ganas nos llevaron a romper un invicto de dos años de un equipo y a festejar mi primer y único jonrón, hazaña que solo había logrado en juegos de computadoras o jugando chapitas. Cuando analizo los éxitos conseguidos, estos fueron consecuencia del trabajo y del buen ambiente que rodeaba al equipo.

Espero que este corto relato de algunas de mis experiencias deportivas aliente tus ganas de destacarte en algún deporte. Me encantaría que practicaras alguno. El deporte te dará disciplina y te ayudará a entender la importancia del trabajo en equipo. Te reforzará los conceptos de paciencia y perseverancia, al tiempo que alimentará tus deseos de superación, claves para orientar tu vida sobre la base de valores sólidos.

Si triunfas, ello será un valor adicional que alimentará tus recuerdos y te permitirá compartir esas alegrías con tus descendientes. Si, por el contrario, no paladeas el buen sabor que dejan las victorias, te aseguro que te habrás inundado de un sinfín de sensaciones que podrás delegar y compartir con otros, para con ello recordarles la importancia que tiene vivir el proceso, a sabiendas de que los resultados son consecuencia del esfuerzo y la disciplina.

Hoy te imagino siendo un triunfador. Me imagino celebrando tus goles y tus logros. Pero más aún: me imagino acompañándote por el camino de la vida, asegurándome de que tu mejor gol sea el que te conduzca y de que crezcas como un hombre de bien.

¡HOY SOY MUY FELIZ!

Hoy te escribo, querido nieto, la carta que cierra el ciclo de mi primer libro. Tu libro. El que te entrega pedazos de mi ser y de mis experiencias, muchas transitadas en la oscuridad que ha envuelto los últimos cuatro años de mi vida. Espero existan otros más que me permitan condensar nuevas vivencias y las sensaciones que me dejará la llegada de los nietos por venir.

Ahora bien: no podía concluir este libro sin relatarte un final feliz. En algunas de mis cartas he dejado colar mi tristeza por encontrarme solo, pero apoyado en el único objetivo de regalar una alternativa de futuro a nuestras hijas, principalmente a tu tía madrina Cristina.

Por eso puedo escribirte que ¡lo hemos logrado!

Una llamada afortunada nos ha informado que fue aprobada la residencia estadounidense permanente de Cristina. Esta noticia ha sido una bendición y rubrica con lágrimas un esfuerzo de casi cuatro años en el cual la soledad y el silencio han sido los protagonistas. La noticia de Cristina ha realzado aún más una semana de vacaciones que tu abuela y yo disfrutábamos en Las Vegas. Luego, semana después, recibimos la misma llamada, esta vez referida a la aprobación de la residencia de tu abuela Luisa Elena.

No podemos estar más felices, pues cerramos una etapa que ha marcado nuestras vidas. Pero, lo que es aún más importante, nos ha dado una inmensa alegría y nos proyecta en la construcción de un futuro mejor, donde espero que tú seas uno de los protagonistas.

Hoy, además, es motivo de celebración la graduación de tu tía madrina Cristina. Resulta una verdadera bendición que ambos momentos se crucen, pues me empapan el alma de una manera muy especial.

La historia de Cristina es digna de ser contada. Su camino ha presentado muchos retos, pero los resultados alcanzados han tenido su sello y han sido una constante para celebrar. Sus problemas con el habla asomaron el primer presagio de su lucha particular, pero ello no fue impedimento para que asumiera un cambio de colegio y se enfrentara a otro idioma. Como te he comentado, los primeros momentos —incluso años— en cualquier emprendimiento son difíciles y para tu tía Cristina esta máxima no fue la excepción. Hubo llantos y rabietas, pero el apoyo de tu abuela Luisa Elena fue fundamental para que saliera adelante y forjara ese carácter que ya asomaba desde pequeña, cuando al segundo día ya caminaba sola hacia su aula del preescolar.

Ese carácter aún lo mantiene, y es el que la identifica y empuja a enfrentar los retos que se le presentan en la vida.

No puedo omitir en esta carta algunos ejemplos de la tenacidad de tu tía Cristina. El de ella, el de tu madre y el de tu tía Daniela son ejemplos que deben formar parte de tu esencia. Te comento algunos pocos:

- Sus inicios en el voleibol fueron desalentadores, pero luego se adaptó de tal forma que se convirtió en la mejor jugadora del equipo, mención recibida de sus propias compañeras.
- Cristina no era de las estudiantes más aventajadas y su sección estaba repleta de los mejores. Sin embargo, se las ingenió para culminar su bachillerato doble pénsum con un *cum laude*. Aún recuerdo su sorpresa el día de la graduación como bachiller. Incluso la nuestra.
- Algo similar sucedió cuando decidió trasladarse sola al colegio. Había decidido no depender de nadie. Con solo dieciséis años sacó su licencia y se lanzó al ruedo. Ya manejaba y nos anunciaba su independencia.
- Por último, más recientemente, volvimos a ponerla a prueba y cambiamos los aires de su tierra natal —Venezuela— por unos nuevos. A pesar de que los primeros meses fueron complicados, el resultado no pudo ser mejor y obtuvo su licenciatura en Psicología en menos de cuatro años con el mayor de los honores: ¡un *summa cum laude*!

Estos cortos ejemplos explican por sí solos el orgullo que sentimos sus familiares, en especial nosotros, tus abuelos, como padres.

En definitiva, es una historia que debía compartir y que me permite dar las gracias por todo lo vivido durante estos cuatro años. Agradecer cada lágrima, cada tristeza. Agradecer todo el aprendizaje que me dejaron estos cuatro años de "exilio solitario", como suelo llamar a esta aventura que hoy tiene un final feliz. Una historia de familia que reitera mi convicción irrenunciable de que, cuando obramos bien, nos va bien.

Una historia de familia que nos une y le da un sentido especial a estos casi cuatro años, que quedarán latentes entre mis recuerdos más vigentes.

En definitiva, querido nieto, hoy soy muy feliz.

www.ingramcontent.com/pod-product-compliance
Lightning Source LLC
Chambersburg PA
CBHW071205160426
43196CB00011B/2203